독도의용수비대의 독도주둔 활약과 그 국제법적 고찰

나홍주 저

책과 사람들

The Voluntary Korean Civilian Militia Unit For Dokdo Islets-Defense and Its Accomplishments (Firing, etc.), Living On the Islets (April 1953 - December 1956), and Evaluation thereof in Light of International Law.

- The Militia Unit enforced Japanese Maritime Patrol Ships which breached Korean territorial waters around Dokdo Islets to retreat by means of firing on the Japanese Patrol Ships during the period of militia Unit's living on the Islets to defend them during the period aforementioned.

이 책을 삼가 고 홍순칠 독도의용수비
대장님의 영전에 바칩니다.

> 2007. 9. 1.
> 저자　나홍주

격 려 사

 일찍이 주, 뉴욕 한국총영사관 영사 그리고 주,미 한국대사관 해무관으로 대한민국 국민의 권익보호와 대한민국의 국위선양을 위해 헌신하고, 근자에는 독도조사연구학회 회장으로 동 학회의 발전에 크게 기여한 경륜을 지니신 이광(怡光) 나홍주 회장님께서는 독도에 관해 남다른 애국적 정열과 불굴의 투지로 일본 정부와 학자에 대항하여 그들의 독도영유권 주장을 맹박하는 논문을 부단히 발표하여 우리나라 독도학계의 발전에 공헌함은 물론 독도에 관한 외교정책을 입안 결정하는 정부 당국에 정책 지침을 제공하여 대한민국의 국익 옹호에 크게 이바지 해 오셨습니다.
 나 회장님께서는 특히 SCAPIN No. 677(1946.1.29)에 관해 국내외의 어느 누구의 추종을 불허하는 탁월한 국제법 논리를 전개하여 일본의 독도영유권 주장에 대한 반론으로 완벽을 기하는 법리를 확고히 정립하셨습니다. 대한민국의 독도학계에 우뚝 높이선 거목 나 회장님께서는 십 여년 전인 1996년에 「일본의 독도영유권 주장과 국제법상 부당성」 이라는 저서를, 그리고 2000년에는 「독도의 영유권에 관한 국제법적 연구」 라는 저서를 발표하시고, 이에 뒤이어 이번에 「 독도의용수비대의 활약과 그 국제법적 고찰」이라는 또 하나의 역작을 출간된 것을 대한민국의 독도영유권을 보존 수호하기 위해 학문적 연구를 하고 시민적 운동을 하는 우리들 모두는 이를 엄숙히 경하해 맞는 바입니다. 좀 더 일찍이 출판되었으면 하는 아쉬움이 없지 않으나, 이 역작은 홍순칠 의용수비대장의 헌신적 독도수호 활약에 기초한 대한민국에 의한 독도의 실효적 지배를 구체적 증거에 의해 실증하고 학문적 이론에 의해 논증한 것으로 우리 국민 모두에게 한국의 독도영유권에 관한 새로운 이해와 확고한 인식을 갖게 하여 애국심 고양의 기본

교본이 되리라 믿어 의심치 않습니다.

  독도를 보존 수호하기 위한 연구를 하는 무섭게 외로운 오솔길에서 필자는 나회장님이 동행하기에 외롭지 않다고 생각합니다. 나회장님께서도 부족 미력한 필자가 같이 있다는 것으로 외로움을 더러는 달래주시기 바랍니다.

  우리의 독도 영토를 수호하기 위해 이론적으로 연구하고 실천적으로 운동하는 나회장님께서 기쁜 빛을 발하여 계속 연구의 기본방향과 운동의 기본 목표를 제시하여 우리의 대열에 향도의 역을 그대로 다해 주시기 바래봅니다.

  다시 한번 고회를 지나 희수를 바라보는 높은 연세에 이광 선생님께서 이 역작을 발표하게 됨에 머리 숙여 축하와 경의를 표하는 바입니다.

2007년 9월
독도조사연구학회 명예회장 김 명 기

아- 독도, 또 하나의 영산이여!

나 홍 주

짙 푸른 동해바다
멀리 떨어진 망망대해에 땅
한 군데 광채도 찬란한데,

오백만 년 거친 파도 해풍을 이기고
우뚝 솟아올라 하늘에 닿았구나
그대 한 쌍의 바위산, 독도여!

거친 듯, 안옥한 여인 같은 동도(東島), 또 하나
방패가 되어 우뚝 서 있는 바위산,
그대 이름하여 서도(西島)라, 당당하구나!

병풍 같은 바위산 그대 정상은,
두 갈래 창끝모양 날카로운데, 풍운이 감도누나
하늘과 바다를 잇는 교두보 일러라

너무도 신령스럽고 엄숙하여라
감히 범접할 수 없으니
그 기상 동해의 시나이산(Mt. Sinai)이여…

일찍이 모세에게 십계명을 내리신 하나님!
동방의 해 뜨는 나라 백의민족에게
내리시는 계명은…

기도하는 마음에 와 닿는 넉자, 합성산패(合成散敗)* …
아- 음양의 조화를 이룬 동·서도여,
단군 자손과 함께 영원하소서!

<'96년 2월 23일 독도에서>

* "합성산패"는 안중근 의사께서 대한국인에게 남긴 말씀(유고 중에서)
※ Title of the poem : "Oh! Dokdo Islets, Another Sacred Korean soil!"

▲ 늠름한 고 홍순칠 대장(독도의용수비대)의 모습

Commander late Soon-chil Hong with a smile on April 19, 1953. The Voluntary Korean Civilian Militia Unit For Dokdo Islets-Defense under his command defended the Dokdo islets against Japanese intruders for three years and eight months until the time when Korean National Police Forces took over the defense mission from the Civilian Volunteers unit on December 25. 1956. [Souce: Mrs. Soon-chil Hong]

◀ 동해바다를 감시하는
독도의용수비대원들

Some members of the Voluntary Korean Civilian Militia Unit For Dokdo Islets-Defense on an alert in 1953. [Source: Mrs. Soon-chil Hong].

▶ 홍대장이 서도에서 찾은 생수, 도날드 닥의 입에서 흘러내리는 물줄기에 여유가 넘친다.

Natural (Portable) water found by the late Commander Hong in 1953 on the Dokdo islets. [Source: Mrs. soon-Chil Hong]

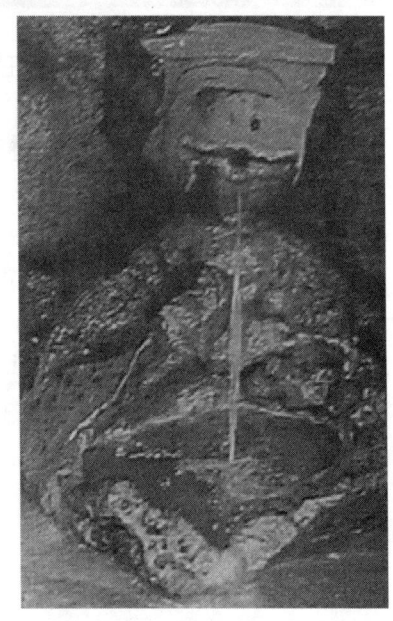

머 리 말

　독도의용수비대(獨島義勇守備隊)는 1950년 6.25 한반도전쟁 중 울릉도에서 재향군인들을 중심으로 1952년 8월 21일 "독도수호"란 유일한 목적으로 창설되었다.
　그 이듬해 4월 20일 독도에 상륙하여 3년 8개월간 주둔하며, 독도를 일본의 불법침범으로부터 자력으로 지켜냈으며, 1956년 12월 25일 독도경비를 대한민국경찰에 인계한 순수민간의용수비대로서 몇 가지 특징을 가지고 있다.

첫째: 전시에 정부의 관여 없이 민간인들이 자율적으로 목숨을 건 호국정신으로 "독도" 수호를 유일한 목적으로 창설한 민간단체 이다.
둘째: 순수 민간단체이기는 하지만, 그 구성원들은 6.25 한반도 전쟁에 참가하여 각 전선에서 혁혁한 무공을 세우고 명예 제대하였거나 전선에서 부상을 입어서 의병제대한 재향군인회 울릉군 연합분회 회원들을 중심으로 한 역전의 용사들로 구성된 민간국토수비대 이다.
셋째: 국가가 북방전선에 온 힘을 경주하느라고 동해의 동남쪽 낙도인 "독도"에 미쳐 손 쓸 사이 없는 틈을 타서 일부 일본인들이 불법적으로 평화선을 넘어 독도에 침입하여, 그 곳에 "일본 시마네현 오끼군 오개촌 죽도"(竹島)란 표목(標木)을 세우고, 독도에 고기잡이 간 울릉도 어민들의 작업을 방해하고, 적반하장 격으로 독도에서 추방하는 사태가 1952년 7월 어느 날에 벌어 졌다. 우리 땅 독도에서 고기를 못 잡고 울릉도로 되돌아 온 어민들이 울릉군청 및 경찰서에 몰려가서 관계 당국이 독도어업권을 보장하라는 요구를 하며 울부짖었다. 당시 울릉군은

이 사정을 상부에 보고했지만, 전쟁 중이라 여기까지 손
이 미치지 못 했다.1)

이 광경을 목격한 상이군인으로 제대되어 고향 에서 요
양 중이던 홍순칠은 그때 정부가 어떤 조치를 취하기전
에 향토의 청년들이 우선 긴급대응으로서 "독도수호의
병"2) 창설을 생각게 되었다.

넷째: 육군 특무상사로서 의병제대한 홍순칠 상이용사는 독도
수호의병대 창설을 마음속으로 다짐한 후, 1952. 8.
21 재향군인회 울릉군 연합분회 분회장에 선출되자, 바
로 그 자리에서 재향군인회 회원들에게 "독도의용수비대"
창설을 역설하였다. 당시 그의 주장에 호응한 회원은
45명에 이르렀다. 이들을 중심으로 1차적 독도의용수
비대 편성을 강구했다. 오직 울릉도민들에게는 향토요,
국토인 "독도" 수호를 위하여, 한번 더 목숨을 걸고, 그
때 까지 마실 물도 발견 되지 못 하고, 사람도 거주한
적이 없는 황량한 바위산 "독도주둔"을 목적으로 하여
홍대장은 다음 해 봄 독도 상륙을 상정하고, 집총훈련을
포함한 수비대의 무장, 작업복준비, 식량 등 무기 한
독도주둔 준비를 자기재산을 털어서 사용하였다.

독도주둔 3년 8개월간 독도의용수비대가 필요한 재원
마련을 위하여 동분서주하였지만, 홍대장은 마지막에
가서는 유산으로 물려받은 논밭(田畓) 1,500평을 처분
해야 했다. 영명한 홍대장은 독도의용수비대가 장기간
독도주둔을 지탱할 수 있도록, 전투대, 보급대, 운송대
및 예비대 등 장기주둔에 필요한 각 기능을 가추는 완
벽한 종합조직을 갖추었던 것이다. 홍대장은 수기에서
3년8개월간의 독도주둔을 마치고 1956. 12. 25일 독

---

1) 독도의용수비대 홍순칠 대장의 수기, 이 땅이 뉘 땅인데 !(서울:혜안, 1997),
P.234.
2) 전게서, P.106, P.239.

　　　　도 경비를 국립경찰 당국에 인계할 당시 현재의 총독도
　　　　의용수비대원 수를 33명으로 기록하고 있다.
다섯째: 독도주둔 기간 중 독도불법침입 일본순시선에 대한
　　　　발포(發砲)가 있었으며, 독도의용수비대원들은 그 때
　　　　마다 목숨을 걸었다고 홍대장은 수기에 남기고 있다.
　　　　비록 형식상은 민간의병대지만 그 전투대의 구성원은
　　　　역전의 용사들이었기 때문에 1,000톤급 대형함정에
　　　　대항하여 발포를 통하여 퇴거시킬 수 있었겠지만,
　　　　호국의 정신이 없고서는 상상할 수도 없는 일이라 할
　　　　것이다.
　　　　비록 그 발포가 국제법상 소위 자위권(the right of
　　　　self-defence)의 범주에 떨어진다고 할지라도,

　독도의용수비대는 독도주둔 시 독도불법침입 일본순시선에 자위권행사의 일환으로 발포하여 동 순시선을 퇴거시켰으며, 그 영토주권수호 업적은 아무리 높이 평가해도 부족 할 것이다. 더욱이 위에서 살펴본 바와 같이, 자급자족하는 민간무장단체로서 여러 가지 어려운 여건 하에 있었으면서도 오직 호국의 정신하나만으로 그 어려움들을 극복하고 독도수호란 그 대의를 성공적으로 달성한 또 하나의 특성을 더 지니고 있다.
　독도의용수비대는 우리국토수호의 청사에 영원히 빛날 것이다. 이러한 독도수호 "의병대"는 의병대의 유구한 전통을 가진 우리나라의 경우에 있어서도 그 선례를 찾아보기 힘들다 할 것이다. 외국의 예에서는 더욱 찾아보기 불가능할 것이라 본다. 다른 "의병"의 경우는 모두가 사람이 거주하고 있는 또는 사람이 거주할 수 있는 여건의 땅에서 활동한 경우라 하겠지만 독도의용수비대는 한 편으로는 생존게임(survival game)을 하면서, 다른 한편으로 국토수호의 대의를 달성했던 것이다. 비록 그 당시가 6.25 한반도전쟁시라 여러 가지 어려움이 많았

는데도 불구하고 독도의용수비대는 독도에 상륙하여 그 곳에 장기간 주둔함으로써 무엇보다도 우리나라의 독도에 대한 실효적 지배를 분명히 한 것이다. 그리고 후속된 우리 독도경비경찰파견대의 독도주둔 사전정지작업효과의 면도 간과할 수는 없을 것이다. 독도의용수비대의 이러한 성공적이요 개척정신이 왕성한 애국적 활동은 울릉도의 자랑이요, 우리나라 재향군인회의 자랑이요, 온 우리국민의 자랑으로서 후대에 오래도록 전승되어야 마땅할 것이라고 필자는 확실히 믿는다.

　이러한 견지에서, 필자는 작은 이 책이지만, 이 책 안에서 독도의용수비대의 독도주둔활약(발포 등) 과 그로인한 한. 일 양국 간 수많은 외교구술서 교환내용검토를 포함한 국제법적 고찰을 진행하면서, 가급적이면, 그 창설동기, 편성, 독도주둔 준비과정, 목적수행행태, 자급자족원칙하의 운영경비 염출과정의 여러 시련 극복 등을 홍순칠 대장의 수기, 무명용사의 훈장 및 다큐멘터리 독도수비대(김교식 저) 등을 중심으로 많이 소개함으로써, 독도의용수비대에 관한 종합적 이해를 독자들, 특히 젊은 층에게 구하고, 홍순칠 대장 지휘하의 자랑스러운 독도의용수비대의 독도주둔활동에서 많은 교훈을 얻을 수 있기를 바란다.

　끝으로, 독도는 역사적, 지리적, 대한민국의 실효적 지배 상 그리고 국제법적으로도 엄연한 대한민국 영토로서, 어떤 영토분규의 대상이 될 수 없는데도 불구하고, 일본 측의 극렬하고 끊임없는 전략적 문제제기 행태로 말미암아 마치 영토분규가 있는 것처럼 국제적으로 알려져 있는 것도 부인하기 어려운 실정이라 할 것이다. 따라서 우리 한국인들은 어느 분야에서 활동하고 있던지 간에 외국인과의 회합에서 독도문제가 나올 경우, 분명하게 독도문제에 대한 우리의 입장을 설명할 수 있는 준비가 어느 정도는 되어 있어야 마땅하다고 본다. 이런 견지에서, 독자들에게 혹시 참고가 될 수 있도록, 부족한 졸고지만 필자가 최근 동북아역사재단 주관 "영토문제와 국제 갈등의 국제법상 원인과 배경" 주제하의 NGO 서울 국제대회에서 이 달에 곧 발표될 영문원고 "A Study On Documents To Justify the Korean Sovereignty Over Dokdo Islets In Light of International Law"(국제법상 독도가 한국영토임을 거증하는 문서에 관한 연구)와 늘 우리마음의 좌표를 잡아 줄 기미독립선언문(국·영문)을 부록으로 첨부한다.

2007. 9. 1
서울, 한강변 우거에서, 저자

목 차

격려사 ························· 7
머리말 ························· 13
제1장 서론 ······················· 25
제2장 독도의용수비대의 창설과 그 특성
     ························· 31

  1. 독도의 지리적 위치와 수난 / 31
    가. 임진왜란(1592-98) 직후 / 31
    나. 러일전쟁(1904-5) 때 / 32
    다. 6.25 한반도 전쟁(1950-53) 때 / 32
  2. 독도의용수비대의 창설 / 33
    가. 재향군인회 울릉군 연합분회 결성 / 34
    나. 독도의용수비대 창설 / 37
    다. 특성 / 40
    라. 독도의용수비대와 경찰당국 간 협조 / 43
  3. "독도의용수비대"의 독도 주둔수비(3년 8개월) 임무 완료 후 임무인계 : 1956. 12. 25 / 47
    가. "독도의용수비대"와 독도경비 울릉경찰서 파견대 간 인계인수식 / 48

나. 독도의용수비대가 국립경찰에 인계한 무기 및
　　　　장비 / 49
　　다. 독도의용수비대 연혁 / 49

제3장 독도의용수비대의 활약(firing)과 그 국제법적 고찰 ……………… 51

　1. 독도주둔 활약 (발포 등) / 51
　　가. 제 1차 발포 (firing) : 1953. 5. 28 / 51
　　나. 제 2차 발포 (firing) : 1953. 6. 25 / 53
　　다. 제 3차 발포 (firing) : 1954. 8. 23 / 55
　　라. 제 4차 발포 (firing) : 1954. 11. 21 / 57
　　마. 기타 : 목대포(木大砲)의 동도정상 등장 / 61
　2. 국제법적 고찰 / 62
　　가. 안용복 사건 때의 일본 막부정부 인정 / 62
　　나. 독도의용수비대의 발포와 일본순시선 퇴각의
　　　　당위성 / 64

제4장 국제법상 독도가 한국 영토란 제(諸) 거증문서 고찰 ……… 65

　1. 개요 / 65
　2. 중요문서 고찰 / 66
　　가. 연합국 최고사령관 훈령(SCAPIN) NO.677 (1946.
　　　　1. 29) / 66
　　나. 연합국의 구 일본영토 처리에 관한 합의서
　　　　(The Agreement Respecting the Disposition

of Former Japanes Territories 1950) / 68
다. 일본정부 최고기관(太政官)문서(1877. 3. 29)상
   "독도"는 일본과 무관 확인의 중요성 / 71
라. 연합국과 일본 간 강화조약 (샌프란시스코, 1951. 9.
   8) / 74
   (1) 동 강화조약 전문(前文) 등 / 75
   (2) 동 강화조약 준비작업상의 문건(the preparatory work
       of the Treaty) / 76
마. 기타 / 76
   (1) 낙도 귀속문제 상 속도론(the principle of contiguity)
       / 76
   (2) 고종황제 칙령 제 41호 (1900. 10. 25) / 77
   (3) 스카핀(SCAPIN) 제677호(1946. 1. 29)에 의거, "Korea"
       및 "독도"가 통치적 및 행정적으로 "일본의 범위"로
       부터 완전히 배제를 가져온 제(諸) 국제문서 / 78
       (가) 맥아더 미 태평양 사령관의 "조선사람들에 대한
            포고문"(1945. 9. 7) / 78
       (나) 트루만 대통령(President Harry S. Truman)의 조선해방
            성명서 (1945. 9. 18) / 79
       (다) 주한 미군정청장 아놀드장군(General A. V. Arnold)의
            행정명령 제19호 (1945. 10. 30) / 80
   (4) 스갚(SCAP) 행정지역 지도(1946. 2월) 및 한국 영공방
       어 식별구역지도 / 81
   (5) 기타 / 82
3. 결어 / 86

제5장 독도의용수비대의 발포와 국제법상 자위권(Right of Self-defence) 고찰 및 그 성과 ·············· 89

1. 독도의용수비대의 발포(Firing) / 89
2. 국제법상 자위권과 독도의용수비대의 "발포"(Firing) 고찰 / 92
    가. 자위권의 의의 / 92
    나. 독도의용수비대의 자위권행사 고찰 / 94
3. 독도의용수비대 활약(독도주둔 및 발포 등)의 성과 / 96

제6장 "독도의용수비대" 창설시기 및 그 독도주둔 활약 시기의 중요성 고찰 ·················· 105

1. 1946년 "SCAPIN NO.677"(1946. 1. 29)시기 / 105
2. 1949년 중국 대륙에 공산정권 수립시기 / 106
3. 1950년 북한의 남침으로 한반도전쟁 발발 시기 / 106
4. 1950년, 맥아더 사령관의 정치고문 씨-볼드(W. J. Sebald)의 "일본 재무장문제 (The Problem of Japan's Rearmament) 대두 시기 / 106
5. 1952년 미군기에 의한 독도폭격 연습 재발의 미스테리 발생 시기 / 108

제7장 결론 ·························· 111

부 록

1. 독도영문원고: A Study On Documents To Justify the Korean Sovereignty Over Dokdo Islets In Light of International Law / 117

2. 기미독립선언서(국・영문) / 159

제1장 서 론

 자유민주주의의 본산인 미국의 제 35대 대통령 죤 에프 케네디(President John Fitzerald Kennedy)는 1961.1.20 백악관 뜰에서, 다음과 같은 말로 그의 역사적 대통령취임 연설을 마무리 했다.
 즉, "나의 동료 미국인들이여, 여러분의 나라가 여러분들을 위하여 무엇을 하여줄 수 있는가를 묻지 말고, 여러분들이 여러분의 나라를 위하여 무엇을 하여줄 수 있는가를 물어 주시오!"3)

 그때 캐네디 대통령은 미국국민 들에게 이상적인 자유민주주의 시민들이 나라를 위하여 마땅히 취해야 할 도리를 깨우쳐 주고 있었던 것이다. 한편 지구의 정 반대편 극동에 있는 절해의 고도 무인도인 "독도"(獨島)에서는 그 보다도 8년이나 앞서서, 1953년4)에 홍순칠(洪淳七) 대장의 지휘 하에 한국의 울릉도 민간 재향군인회원들이 중심으로 6.25 한반도 전쟁 중 국가가 말하기 전에 스스로 궐기하여 창설한 "독도의용수비대"

---

3) " And so, my fellow Americans; ask not what your country can do for you - ask what you can do
 for your country. ", The Worlds Great Speeches(Mineola, New York: Dover Publication, Inc.(4th
 Edition). 1999). p. 741.
4) 독도의용수비대원들의 최초 독도상륙일자: 1953,4.20 (독도의용수비대 홍순칠 대장 수기, 이 땅이 뉘 땅인데!(서울:혜안1997), p.24,P.144, p.254, P.265, p.269; 1953.3.27(도큐멘타리/金敎植 , 獨島守備隊(서울:鮮文出版社,1979), p. 57, p.330 (홍순칠 대장)"결혼한 지 5달 만에 독도주둔 차 입도," 참고. 결혼: 1952.12.28.

가 "독도"에 불법 침입하는 일본인들을 축출하고, 자력으로 한국의 영토주권을 지켰던 것이니, 그들 독도의용수비대원들 이야 말로 케네디 대통령이 바라던 진정한 자유민주주의 시민의 표상이라 말할 수 있을 것이다. 당시 대한민국이 6.25 한반도전쟁에 온 국력을 북쪽전선에 집중하느라고 미쳐 남쪽 동해에 있는 낙도, "독도"경비에 손을 쓰지 못하고 있는 틈을 노려서, 일부 일본인들이 한국영토인 "독도"에 감히 무단 침입하여, 일본영토 표지목(表識木)을 세우고 한국어민들의 접근을 막는 등 온 갖 행패를 부렸다. 이 때 주권재민(主權在民)의 자유 민주국가 시민으로서, 영토주권자로서 독도의용수비대가 자율적으로 "자위"(Self-defence)권[5]을 발동하여 그들 일본인들을 자력으로 축출하였을 뿐만 아니라 재발을 방지할 유일한 목적으로, 사비를 털어 주둔비용을 마련하고 전혀 무보수로 무인도인 독도에 주둔하며, 오직 대한민국 국토수호에 모든 것을 바치고 있었으니, 그들이야 말로 진정한 애국자요, 대한민국재향군인과 자유민주시민의 표상이요, 우리나라 특유의 오랜 의병의 전통을 계승한 20c. 의병(義兵)이요, 자랑스러운 백의민족의 후예라고 할 것이다. 뿐만 아니라 그들 독도의용수비대원들은 당시 한반도전쟁에서 이미 용감히 싸우다가 부상으로 귀향하여 가료 중이었던 상이용사 및 명예제대 된 용사들 이었다는 점에서 그들의 자주적, 창조적 무한한 국토수호정신과 그 업적은 우리나라 재향군인회원 활동의 역사에도 기리 빛날 것이다.

독도의용수비대의 오직 국토수호를 위한 자기희생 정신은 나라가 외국의 침략을 받아 어려움에 처할 때 마다 선비는 붓을 던지고 일어나고, 민초들도 생업을 떠나서 일신상의 안위를 무릅쓰고 의병(義兵)을 일으켜 우선 국토수호에 빈부귀천 구별

---

[5] J. L. Brierly, Law of Nations (Oxford: Clarendon Press (6th Ed.),pp.403-4: "Self'-defence is a principle applies to States no less than to individuals; and the legal content of the principle is clear, though its application in a specific case may be a matter of difficulty."

없이 모두가 함께 나서서 목숨을 걸고 싸웠던 지난 날 충효를 으뜸가는 도덕적 가치로 여겼던 선비6)사상을 바탕으로 온 국민이 서로 뭉쳐서 외국침입에 대항하였던 우리 고유의 오랜 전통에서 나온 백성들의 애국적 궐기라 할 것이다. 그러한 숭고한 의병정신이 물질만능시대 20c. 중반 한반도전쟁 중에 이 땅에서 다시 표출된 것을 볼 수 있었다는 것은 대한민국에 있어서는 영광이요, 상대방에게는 큰 실망과 좌절을 안겨 주었을 것이다.

이러한 의병전통의 계승은 이 나라의 국토수호 앞날에 늘 희망이 보이게 한다고 말할 수 있을 것이다. 만일, 그 때 독도의 용수비대가 독도불법 침입 일본인들을 축출하지 아니 했다면 그리고 무시로 독도영해를 침범하여오는 일본순시선들을 발포(firing)를 통하여 수차나 구축하지 아니 했다면, 오늘날 독도의 운명은 어떻게 되었을까를 생각하면 소름 끼치게 된다. 일찍이   변영태(卞榮泰)외무부장관이   대(對)일   성명서

---

6) **선비**(정옥자, 우리가 정말 알아야 할 우리선비(서울: 현암사, 2002), P. 표지 : "하늘 아래 두려운 것은 오직 지조와 백성의 소리였던 그들, 새벽에 일어나 손수 이불을 개고, 독서와 사색 속에서도 실용기술을 익혔던 그들, 저녁시간 친이 했던 자녀 교육에서부터 유산분배에 까지 남녀 차별이 없던 그들, 눈길 닿는 곳 무한 하지만, 일상에선 고정관념 없이 살뜰했던 참사람의 초상, 내 안에 흐르는 올 고든 마음의 원천! ;

의병(6.25 한반도전쟁 중): 전시 및 그 직후에 당시 특유의 의병(義兵)인, 의용대, 민병대 등을 들 수 있었다. 그 한 예. "피난과 후기 제1차 전투(창녕군지):"남지의 치안경계와 철교경비 등을 맡고 있었던 남지의용경찰대는 이날 남송교에서 적의 공격을 받은 후 우왕좌왕하는 읍내주민들을 남지철교를 통해 안전하게 피난하도록 유도하고 마지막으로 남지에서 철수하여 칠원으로 가던 중에 칠서면 대치에서 미군과 마주친 것이었다. 미군은 경찰도 아닌 청년들이 구구식 총을 메고 있는 것이 수상했음으로 검문했다. 그러나 영어화회실력이 없는 지라 서로 말이 통할 수 없었으므로, 결국 사세 불리한 것으로 판단한 의용경찰들이 산으로 도망치자, 사격을 가했다. 여기서 두 김씨 청년이 사살되고, 나머지는 칠원으로 철수했다.(참고: 1950.8월). http://www.everyoung.ne.kr(작성일:2005-09-21 08:37:21), 50년대의 추억, 제목: 한국전쟁 최후의 방어선 남지.

(1954.10.28)에서 지적하였드시 "...일본이 독도탈취를 꾀하는 것은 한국 재침략을 의미하는 것" 이기 때문 이다. 이런 견지에서 볼 때 독도의용수비대의 독도수호 공적은 말로 다 형언하기 어려운 청사에 빛날 커다란 국토수호업적이며, 필자는 국민의 한 사람으로서 자랑스러운 우리 독도의용수비대에 우선 무한한 감사를 드리고 경의를 표한다. 특히, 6.25 한반도전쟁에서 혁혁한 무공을 세운 상이용사요, 육군특무상사로서 재향군인회 울릉군연합분회 회장으로 선출된 홍순칠분회장이 그 자리에서 "독도의용수비대"의 창설을 주도한 외에도, 그 수비대의 무장, 수비대유니폼(작업복) 및 기타 각종 식품 과 유지경비 등을 자비로 조달하기 위하여 조부로 부터의 지원금, 당시 300만원 전액을 투입하고, 급기야는 조상으로부터 물러 받은 전답까지 처분 하였을 뿐만 아니라 결혼한 지 불과 5달 만에 오직 독도수호 목적 하에 스스로 사랑스런 신부를 울릉도에 홀로 남겨둔 체, 언제 돌아올 지 기약 없는 "독도주둔" 차 울릉도를 떠난 홍순칠 대장의 그 투철한 국토수호정신에 필자도 모르게 머리가 수그러진다. 6.25 전쟁 때 필자가 고등학생의 신분으로 학도병 생활을 한 경험이 있는 데, 그 때 "특무상사"는 전쟁에 관한 한 "귀신"이라고 말은 들었으나, 실제로 "특무상사"를 군 복무 중 접할 기회는 거의 없었다. 이 논문을 쓰면서, 홍대장의 독도의용수비대 창설과정, 동 대원 편성 및 훈련, 주도면밀한 독도주둔 준비과정, 주둔기간 중 역전의 용사들이 모인 구성원 간 군기유지 철저 및 독도불법침입 일본순시선에 대한 목숨을 건 대응 태세 등 홍대장은 참으로 빈틈이 없구나, 과연 "귀신같구나"를 실감 했다.

그 외에도, 홍순칠 대장의 수기 등을 보건데, 역전의 용사의 범주를 넘어 역사적 그리고 폭 넓은 여러 국제적 시각에서 "독도"가 처하여 있는 당시의 사태를 읽는 혜안에서 그의 경세가적 역량을 간과할 수 없을 것 같다. 그는 17c 에 "울릉도 및 독도"가 한국령 임을 국민의 한 사람으로서 자율적으로 일어나서 일본 측에 각인시켜 준 안용복(安龍福), 1905년 소위 을사보호조약이 체결되자 그 이듬해 선비로서 태인(泰仁) 무성서원에서 유생(儒生)을 모아 강회를 개최한 후, 의병(義兵)을 일으킨 최익현(崔益賢) 그리고 근간 TV 드라마에서도 주목을 받고 있는 기개와 용병술, 남다른 전략전술능력을 가춘 발해국 시조 "대조영" 등의 자질이 하나로 결집된 뛰어난 문무를 겸한 지도자라고 하여도 과언이 아닐 것으로 본다.

  따라서, 필자는 이 논문에서, 홍순칠 대장의 독도의용수비대 창설과정 및 그 특성, 독도의용수비대의 무인도 "독도" 주둔 및 활약상(발포 중심)과 그 국제법적 고찰 및 독도가 국제법상 대한민국영토 라는 여러 국제적 거증문서 등을 중심으로 "독도의용수비대"의 "자율적 국토수호 업적"을 고찰하여 보고자 한다.

제2장 독도의용수비대의
창설과 그 특성

1. 독도의 지리적 위치와 수난

가. 임진왜란(1592-98) 직후

"독도"는 대한민국국민들에게 있어서 수많은 한국의 다른 섬들(남한:3,153개 섬, 북한: 1,045 개 섬)7) 과는 유달리 우리나라의 역사적 수난사와 함께 기억되고 있다. 근대 역사상 한반도에 전쟁으로 어떤 큰 어려움이 있을 때 마다 거의 어김없이 "독도"에 대한 그 가해자는 늘 일본임을 잊어버릴 수 없다고 할 것이다. 대한민국영토 중에서 동쪽 맨 끝 동해 한가운데 외롭게 위치하고 있는 바위산 이지만, 아름다운 우리 섬, "독도"는 늘 일부 일본인들의 "탐욕"(greed)의 대상이 되어 왔기 때문이다.

임진왜란(1592-98)에 뒤 따른 동해안 일대에 출몰하던 왜구는 울릉도 및 독도를 그냥 두지 아니 했다. 드디어 1693년 및 1696년 2차에 걸친 안용복(安龍福)의 도일항의로 당시 야기된 조선국과 일본 간 수년간에 걸친 외교교섭 결과 합의내용에 따라 일본 막부 정부가 "울릉도 및 독도"가 일본과는 관계없는 한국령 임을 인정하여, 일찍이 일본 어선들의 "울릉도 및 독도" 출어를 금지8)하는 조치를 취 하였던 것이다.

---

7) 해수부, 바다는 왜 파란가?, (1998), p.174
8) 愼鏞廈, 韓國과 日本의 獨島領有權 論爭 (서울: 한양대하교 출판부,2003),

나. 러일전쟁(1904-5) 때

당시 조선정부는 한반도에서 러일간 전운이 감돌자 1904.1.21 "중립"을 선언하였다.9) 그러나 일본은 이를 무시하고 한반도에 불법적으로 대군을 상륙시켰던 것이다. 드디어 일본 해군 편대는 1904.1.28(Gregorian 1904.2.9) 인천항을 출항하는 러시아 군함 VARYAG 호 와 KOREYETS 호를 선제공격함으로써 한반도에서 러일전쟁을 일으켰다.10)

러일전쟁 중 영국 등의 지원을 받은 일본의 승리가 가시화되어 가던 그 이듬해인 1905.1.28, 러.일전쟁 발발 제1주년이 되는 날 일본내각은 "독도'를 무주지 라 하며, 불법적으로 이 섬을 일본영토에 편입시켰다. 그리고 원래 그들이 "마쓰시마"(松島)라고 불러 왔던 그 섬(독도)이름을 "다케시마"(竹島)라고 새로 명명한 것이다. 일본의 이 불법적 독도편입조치는 장차 일본의 한반도 강탈을 예고하는 전주곡이기도 하였다.

다. 6.25 한반도 전쟁(1950-53)11) 때

---

p.133.
9) 李光麟, 韓國史講座[V][近代編].(사을: 일조각, 1984),p. 467.
10) On January 28,1904(Gregorian Feb.10, 1904) at 11:45, Japanese Navy Squadron opened fire against Russian ships VARYAG and KOERYETS and sink the KOREYETS which responded. The two Russian ships. however, were damaged. Captain Rudnev decided to blow up the KOREYETS and sink the VARYAG in order to prevent Japanese seizure of the ships. All the crew of the ships were transferred to other foreign ships. [Sources: A brochure distributed by Captain Anatoly Lipinski,
Cruiser VARYAG, Feb. 10, 1997 at Port Inchon].
11) 6.25 전쟁은 단지 남.북한 간의 전쟁이 아니라 미국을 포함한 자유우방 16개국과 쏘련, 중공 등 주요 공산진영이 참여한 사실상의 세계대전으로 볼 수 있다는 점에서 필자는 "한반도전쟁" 이라 표현한다.

Ⅱ차 세계대전 후, 연합국최고사령관(SCAP)은 포츠담선언 (8) 및 일본의 항복조건에 근거함과 동시에 연합국을 대표한 미국 대통령의 명령에 따라서, 스카핀 제677호(1946.29)에 의거 명문으로 "독도"를 일본범위에서 제외조치 하였다. 독도는 역사적으로는 말할 것도 없고, 국제법적으로도 대한민국의 영토인 것이 Ⅱ차세계대전승전국인 연합국에 의하여 확인된 것이다. 그런데, 6.25 한반도 전쟁에 대한민국이 온 국력을 북쪽전선에 집중하고 있는 틈을 타서 일부 일본인들이 동해 동남쪽 독도에 불법 침입하여, 일본영토표시 표목을 세우고, 독도에서 조업하는 울릉도 어민들을 방해하고 어구를 파손하는 등 행패가 난무하였다. 이러한 일본인들의 행패는 홍순칠 대장 등 울릉도민들을 분노케 하고 있었다. 그 때 홍순칠 대장은 울릉군수(홍성국)에게 다음과 같이 말 하였는바, 그의 "독도의용수비대" 창설취지가 잘 표출되어 있다 하겠다.[12]

"전쟁 중인 중앙정부가 여기까지 배려할 여유가 없을 것이니, 지금은 울릉도 자체로서 자구책 강구의 길 밖에 없다. 울릉도 사람은 한 사람도 군에 징집 되어 전쟁터에 나간 사람이 없다(자기처럼 입대지원자 외에는). 그러니 울릉도 청년들이 군(軍)에 간다 치고 '독도'에 나가서 왜놈들과 싸우라 이말 입니다."

2. 독도의용수비대의 창설

독도의용수비대의 창설 등 활동에 관하여는 "도큐멘타리 독도수비대(김교식,1979)", "무명용사의 훈장(홍순칠,1986)" 등 자료를 참고하면서, 필자는"독도의용수비대 홍순칠 대장의 수기 - 이 땅이 뉘 땅인데! (홍순칠, 1997)"를 중심으로 고찰하여

---

12) 洪淳七,무명용사의 훈장(獨島義勇守備隊),(서울:신원문화사, 1986), p.179

보고자 한다.

가. 재향군인회 울릉군 연합분회 결성

독도의용수비대의 창설은 "재향군인회 울릉군연합분회 결성"과 불가분(不可分)의 관계 하에 있다. 홍순칠 독도의용수비대장이 동 재향군인회 연합분회 회장13) 이었을 뿐만 아니라 독도의용수비대를 동 재향군인회 울릉군연합분회 회원들을 중심으로 편성하였던 것임을 홍순칠 대장은 자기 수기 "이 땅이 뉘 땅인데!"에서 다음과 같이 밝히고 있기 때문이다.14)

〈 다음 〉

: " 독도의용수비대 편성과 부서를 약술하면, 현지에 주둔할 전투조 2조, 각 조의 인원은 15명씩이며, 그 밖에 울릉도 보급연락소의 3명과 예비대 5명 보급선원 5명 등 으로, 모두 합쳐 45명 이었다. 이 가운데, 이군 출신이 아닌 사람은 보급선의 선원과 연락소의 3명이며, <u>현지에서 상주하게 될 대원은 ... 6.25 때 각 전선에서 용감히 싸운 역전의 용사들 이었다.</u> "

<u>홍순칠 대장은</u> 6.25 한반도전쟁 중 "원산전투에서 심한 부상을 당하여 제3육군병원에 후송되었다가, 부산육군원호부대에 이송되었다. 그 후 동 원호부대에서 1952.7.15 명예제대 되어 귀향한 후 1달째 요양 중에 있었다. 홍대장이 어느 날 지팡이를 짚고 경찰서장을 찾아 갔다가, 경찰서 마당 한 쪽에 있는 표목 "島根縣 隱岐郡 五箇村 竹島" 가 놓여 있는 데, 그 크기는 4.5角이고, 그 길이는 6척이나 되었다. 이 표목은 일본인들이 독도에 세운 것을 뽑

---

13) 재향군인회 울릉군 연합분회 사무국장 김성진 은 홍순칠 대장이 동 연합분회의 초대회장, 2대회장 3대회장 및 8대회장을 역임했음을 2007.6.15 확인하였음.

14) 홍순칠, 독도의용수비대 홍순칠 대장의 수기- 이 땅이 뉘 땅 인데!(서울: 도서출판 헌안, 1997), PP.22-23.

아 온 것 이었다. 그 표목을 보는 순간 나는 아찔함을 느꼈다"15)
고 동 수기에 기록하고 있다.
 울릉군의 1952.8.15 광복절기념행사는 울릉읍 도동초등학교에
서 거행되었는데, 그 때 "상처입고 귀향한 참전용사들도 초청되어
50여명이 자리를 함께 했다." 식순에 따라 경축행사가 진행되었는
데, 사회자인 군 내무과장이 아마도 훈장을 가슴에 가장 많이 달
고 있었기에, 홍순칠 대장 앞에 와서 "상이군인을 대표해서" 축사
를 하여주기를 청하였다. 홍대장은 다음과 같이 외쳤다.
 : "광복의 기쁨은 순식간 이었고, 우리는 동족 간에 전쟁을 치
러 강산은 잿더미가 되고, 가족은 흩어 졌고, 제국주의 망령은
7년 만에 다시 나타나 독도를 강점하려는 이 시점에 섬사람은
대동단결해서 우리의 국토인 독도를 지키자"16)

 홍대장의 이 즉흥 연설내용은 짧지만 의미 깊고, 자율적 국
토수호정신과 애국심 그리고 본인은 이미 국가를 위하여 목숨
을 걸고 전선에서 싸우다가 부상당하여 명예제대 되어 요양 중
에 있는 상이군인의 몸이지만, 독도수호를 위하여 다시 싸우겠
다는 국가를 위한 충성심이 가득한 눈물겨운 절규로서, 국가를
위하여 남은 모든 것도 다 바치겠다는 남다른 충정을 갖지 아
니하고는 감히 상상할 수도 없는 참으로 의롭고, 용감하고 거
룩한 외침이다.
 특히, 그 외침에 따른 이후 그의 행적은 누구도 쉽게 따를
수 없는 실로 우리나라 재향군인의 이상적 표상이 될 만하고,
참으로 아름다운 재향군인의 귀감을 보여 주었다고 높이 평가
할 수 있을 것이다.
 그리고 이러한 고귀한 말씀은 평소 마음속으로 늘 나름대로
독도문제를 고심하지 않고는 순간적으로 연설에서 나올 수 없
는 것이고, 울릉도민 으로서 남다른 향토 사랑과 역사인식 및
내외정세를 읽는 혜안과 일본인들의 행태에 관한 선견지명이

---

15) 전게서 각주2), p.20-21.
16) 상게서 PP.232-33.

없고서는 기대할 수 없는 경세가적 식견이라는 점에서 홍대장은 진정으로 문무를 겸비한 위대한 지도자라고 이 연설내용을 평가하지 않을 수 없다. 당시 한반도전황은 휴전협상을 진행 중인 때여서 피아가 조금이라도 유리한 고지를 점령하기 위하여 밤낮없이 혈투가 계속되고, 세계인들의 시선도 온 통 북방의 전선과 휴전협상의 진전에 집중되고 있을 때 여서 대한민국 정부도 남쪽 동해바다의 "독도"에 미쳐 손을 쓸 여유가 없었을 때, 자유우방이다 말하면서도 그 틈을 타서 교활하게 일부 일본인들이 "독도"에 불법 침입하여 "일본 땅" 푯말을 세우고 우리 어민들에 갖은 행패를 다하고 조업을 방해하는 지경에까지 사태가 악화되고 있었던 것이다. 이때 케네디 대통령이 취임사에서 말한 이상적 자유민주시민의 표상처럼 울릉도 재향군인회 회원들을 중심으로 편성된 "독도의용수비대"가 스스로 일어나 국토수호의 성스러운 과업을 국가가 말하기 전에 자진해서 아무런 대가를 기대하지 아니 하고, 목숨을 걸고 수행하였던 것이니, 이는 울릉도민의 자랑일 뿐만 아니라 그 자율적 애국적 동기나 실제로 성취했던 그 국토수호업적을 아무리 찬양해도 부족하다 할 것이다.

이 8.15 경축 식전에서 옆 자리에 앉아있던 상이군인 정원도(鄭元道)가 그때, 1주일 후에 재향군인회 울릉군연합분회 결성준비위원회가 있다고 홍대장 에게 전하여 주었던 것이다. 정원도 도 역전의 용사로서, 그 후 독도의용수비대 제2전투대 대장으로서 3년8개월간[17]을 홍대장과 함께 독도에 주둔하며 일본순시선의 불법적 독도영해 침입을 저지하는데 있어서 핵심수비대원의 한 사람이 되었다.

재향군인회 울릉군 연합분회결성준비 위원회는 1952.8.20[18]

---

17) 상게서 P.233.
18) 재향군인회 울른군 연합분회결성일을 재향군인회 울릉군연합분회 사무국(김성진 국장)에서 필자가 2007.6.15 확인하여 보고자 하였으나, 그 때는 전쟁

울릉군청 회의설에서 개최되었으며, 동 회의에서, 홍순칠은 초대 회장으로 선출되었다.

나. 독도의용수비대 창설

재향군인회 울릉군연합분회 초대회장으로 1952. 8. 20 선출된 홍순칠 연합분회 회장은 바로 당일 그 회의에서 독도의용수비대 창설을 발의하면서, "독도 사수"를 역설하였다. 그 결과, 당장에 의병(義兵)지원자 50명을 그 자리에서 규합할 수가 있었다. 그리고 동 의병지원자회의에서 홍순칠 재향군인회연합분회 회장은 다시 "독도의용수비대 대장"으로 선출되었다.19)

독도의용수비대장으로 선출된 홍순칠 대장은 즉각 이 역전의 용사들을 대상으로 "전투대"편성에 들어갔다. 즉, 독도의용수비대의 중심은 곧 "전투대"이었던 것이다. 바로 여기에 당시 민병대와는 다른 창조적 특색을 엿 볼 수 있다. 민병대는 전시 및 휴전 직후에 정부의 전국적 치안보조시책으로서 주민들이 통상적인 일상생활을 영위하면서 유사시에 대비하는 지역적 치안보조조직인데 반하여, "독도의용수비대"는 자율적으로 역전의 용사들로 편성된 독도에 주둔하는 최강의 "전투대"를 중심으로 편성되어 있다. 이런 점에서, "독도의용수비대"는 비록 형식상 순수민간 조직이지만 실재적 내용상은 국토수호목적으로 스스

중이어서 관계 자료가 불명하여 결성 일자를 찾기가 어려우나, 그때 초대 회장으로 홍순칠 이 선출된 자료는 확인 되고 있으며, 동 재향군인회 울릉군연합분회의 결성일이 6.25 전쟁휴전(1953.7.29)이 성립되기 전 이었다는 사실도 다른 자료에서 확인 된다고 말했다. 따라서 현재로서는 동 재향군인회 연합분회결성일은 다른 증거자료가 발견되지 아니 하는 한 홍순칠 초대회장이 기록하고 있는 "1952.7.20"을 인정하는 것이 타당할 것으로 보인다.

19) 홍순칠, 무명용사의 훈장(獨島義勇守備隊),(서울: 신원문화사,19860, p.201; 독도의용수비대의 창설일도 이 기록상 형식적으로는, 재향군인회 울릉군 연합분회 결성일 과 동일자로 볼 수 도 있겠지만, 독도의용수비대의 실질적 조직일 을 관계당국은 1953. 3. 27로 인정하고 있다(경북경무 125-1036, 1978.3.30).

로 일어난 역전의 용사들로 편성된 "결사대"적 요소를 지니고 있는 최강의 전투조직 이다. 때문에, 동 의용수비대가 독도에 주둔하는 동안 독도영해에 불법침입 한 일본순시선에 대하여 발포하여 동 순시선을 축출한 사건이 발생하자, 일본 측은 외교계통을 토한 항의 구술서 에서, 독도의용수비대의 성격을 민간인으로 조직된 "의병"이라 고는 상상도 못 한 듯 동 발포 주체를 "한국당국 또는 한국관리들"(Korean authorities 또는 Korean officials) 란 용어를 사용한 것을 볼 수 있는 데, 이는 결코 무리가 아닐 것이다. 순수민간단체가 사람이 거주한 적이 없는, 물도 나오지 않는 "독도"에 감히 주둔하며 일본순시선에 발포까지 하리라고는 상상할 수도 없는 것이기 때문이다. 그러나 아무리 강한 군(軍)에도 1군이 있으면, 이를 지원하는 후방대로서 2군이 있는 바와 같이, 전투경험과 탁월한 지휘관으로서의 능력을 갖추고 있던 홍대장은 역전의 용사답게 치밀하게도 "독도의용수비대"에, 수송대, 보급대 및 예비대로서 후방지원대를 별도로 편성함으로써 독도주둔 "전투대"의 전력을 계속 유지보강 할 수 있게 뒷받침 하였던 것이니, 그 용의주도함에 새삼 경탄케 한다. 바로 여기에 "전투대"인 독도주둔의용수비대가 어려움 속에서도 자급자족하며, 3년 8개월(1953.4월-1956.12월)이란 장구한 세월, 유사 이래 사람이 거주한 적이 없던, 그 때까지는 마실 물도 발견되지 아니 했던, 불모의 땅 "독도"에서 무보수로, 오직 국토수호를 위하여 목숨까지도 바치겠다는 우국충정의 일념(一念) 하나만 으로 우리 재향군인들이 주축이 되어 일본의 불법적 독도침입을 저지할 수 있었던 것임을 우리국민들은 결코 잊어서는 아니 될 것이다. 또한, 이 민간주도 국토수호 위업은 역시 20c. 또 하나의 "의병"에 관한 교훈으로서 후세에 길이 전수되어야 마땅할 것이다.

 이런 견지에서, 국가가 말하기 전에 스스로 뭉쳐서 일어나 3년 8개월 간 국토를 스스로 지켰던 우리 "독도의용수비대원들"

에게 우선 경의를 표하고, 이 글을 쓰기 위하여 청사에 빛날 그 자랑스러운 이름들을 여기에 기록하여 두고자 한다. 동 명단은 "다큐멘터리 獨島守備隊"(金敎植 著,1979, p.341) 에 "1956년 12월 독도의용수비대 해산당시"의 명단 이란 설명 하에 독도의용수비대 대원수를 총33명(단, 2명의 명단 누락) 이라고 기술하고 있는 것을 중심으로 작성했다. 또한, 수비대원 총 인원수 33명은 홍순칠 대장의 수기에서도 발견되고 있으므로 그 수자를 그대로 적용한다. 즉, 홍대장은 "독도의용수비대 홍순칠 대장 수기, 이 땅이 뉘 땅인데!"(홍순칠, 1997, p.260)에서 "독도의용수비대를 조직해서 6톤급의 오징어잡이 어선 삼사호를 타고, 독도에 나아가 백배도 더 되는 일본 해안 보안청 소속 함정PT정과 싸운 것은... 1956년 12월 독도를 지키는 사명을 국립경찰에 인계하고, 3년8개월에 걸친 독도생활을 청산하며, 최후 까지 남은 대원 총수는 33명이다"고 기록하고 있다. 그 명단은 동 수기에 명시하지 아니 하였지만. 여기에서 필자는 최후까지 남은 독도의용수비대원의 수가 **총33명**이라는 홍순칠 대장의 기록을 존중하여, 전기 "獨島守備隊(김교식 저)"에서 누락된 2명의 명단을 홍순칠 대장의 미망인이요, 유일한 여성대원인 박영희 여사로부터 확인하여 다음과 같이 **총33명**의 아름다운 명단을 완성하여 기록 한다:

독도의용수비대원 명단(1956.12.25 현재)

대장: 홍순칠(洪淳七)
부관: 황영문(黃永文)

제1전투대
대장: 서기종(徐基種)

대원: 김재두(金在斗), 최부업(崔富業), 曺相達(조상달). 하자진(河自
振), 김현수(金賢洙), 이형우(李亨雨), 김장호(金障浩)양봉준(亮鳳俊)

제2전투대
대장: 정원도(정원도)
대원: 김영복(金榮福) 김수봉(金守鳳), 이상국(李相國), 이규현(李奎 賢). 김경호(金景浩), 허신도(許信道), 김영호(金榮浩), 김용근(金容根)

보급대
주임: 김인갑(金仁甲)
대원: 구용복(具鎔福), 박영희(朴永姬, 洪 대자의 妻)

후방지원대
대장: 김병열(金秉烈),
대원: 정재덕(鄭在德), 한항룡(韓相龍), 유원식(兪元植), 오일환(吳一煥),
고성달(高成達)

수송대
대장: 정리관(鄭利冠, 船長)
대원: 안학률(安鶴律, 機關長), 이필영(李弼永), 정현권(鄭賢權, 甲板員)
 총 대원수: 33명.

 다. 특성

(1) 독도주둔 제1전투대 및 제2전투대
 역전의 용사들로 구성된 독도주둔 전투대로서 최정예 "결사대"20) 적 성격을 띠고 있다.

(2) 독도의용수비대 비품조달
 유니폼(작업복), 장비 및 운영비, 등 일체경비 자급자족 특히, 홍대장의 개인적 유지비조달 및 유산으로 마지막 남은 전답 처분 등21) 과 틈나는 대로 행한, 독도주둔수비대원들의 빗물받기, 식량 자구책으로서 전복, 소라, 생선확보, 갈매기알 수집의 독도생활상22)과 월동 등 대책수립에 고뇌하는 총 지휘관으

---

20) 홍순칠, 전게서 각주 8) p.35: "...일본순시선 P.S .9함이 진격해왔다.... 신호탄과 함께 엄호사격을 부탁하며 ,...우리 **결사대** 는 P.S. 9함과의 거리 20m까지 돌진했다. ...각자가 가진 소총과 보트에 설치한 경기관총에서 200여발의 실탄이 단 한발의 허실 없이 P.S. 9함에 집중적으로 퍼부어 졌다."; P.72:"일본순시선 3척과 비행기가 함께 불법 침입시 대항하며 홍순칠 대장은 심히 고뇌하며 순간 다음 생각이 들었다:" 다만, 조금 뒤에 전개되는 양상이 어떻게 전개될지...우리도 독도에서 죽으면 또 누가 뭐라 할 지...". 필자가 느끼기에, 결사항전을 감행하는 순간에도 봉의 뜻을 헤아리지 못 하는 인간 참새들의 그 후 짖어 귐을 의식하는 듯 하는 홍대장이 애달퍼 보인다. 자고로 선지자는 외로운 것을...
 金敎植, 도큐멘타리, 獨島守備隊,(서울: 선문출판사, 1979), P.292 :"(홍순칠) 그 간 사제를 있는 데로 다 털어 넣고, 이제 남은 것이라고는 겨우 전답 1,000평 밖에 없었다. 가족들의 생계를 위해서라도 그것 까지 팔아야겠다고 조부님께 말씀드릴 수는 없었다."
21) 홍순칠 대장이 독도의용수비대 운영경비 등으로 충당하기위하여 마지막 남은 유산으로서 전,답 처분내용을 보면, 답(畓)1,098평, 전(田)698평 및 대지(垈地)300평으로 울릉군 토지대장(2007.6.5 발행)상 나타나 있다, 동 처분은 일시적 매각이 아니라 독도의용수비대 운영경비조달 과정에서 수시로 차입한 금액이 증가함에 따라 결국 부동산 등기이전이 그 후에 행하여 진 것으로 보인다. ; 박영희 여사(홍 대장의 처 이며 보급대원)에 의하면, 전답을 처분하고도 다 상환하지 못한 "독도의용수비대" 유지비 차입금 잔액은 독도의용수비대 해산 후에도 남아서, 동 잔여금 상환 등을 위하여 부득이 자신이 교사직을 사직하고, 퇴직금으로 식당을 장만하여 그 운영을 통하여 잔여 부채를 모주 상환할 수 있었다고 필자에게 2007.7.6 말한바 있다.
22) 홍순칠 전게서 각주1), pp.171-174; pp.200-11;
 金敎植, 전게서 각주20), P.264:"(홍순칠) 우리의 유일한 군자금원(軍資金源)은

로서 부담하는 홍대장의 남모르는 고민 등은 사람들이 살고 있는 고장에서의 일반적인 "의병"생활과는 또 다른 것이다. 한편으로는 무인도에서 의살아 남기(survival game)위한 싸움대책수립도 겸해야 하는 2중의 투쟁생활이면서 그에 대한 어떤 대가도 기대하지 아니하였던 그 전례를 찾아볼 수 없는, 오직 애국애족의 정열로서만 이를 유지할 수 있었던 성스러운 호국의 얼로 얼룩진 주둔생활 이었다는 점에서 "독도의용수비대"는 더욱 온 국민의 존경을 받아 마땅할 것이다.

(3) 독도막사 건립
목재확보: 홍순칠 대장의 조부가 심은 해송 50년-60년생 소나무 3,000본 무상사용.
제재목재: 막사건조용 제재목재와 원목은 독도의용수비대 운반선 삼사호와 경찰서 행정선을 지원받아 독도까지 운송.
해송벌채: 약300명의 인력을 동원 사용(부당동원이었으나 독도수호란 대의를 위하여 당시 부득이하였음을 홍대장이 그의 수기에 기록하고 있다)
목수동원: 막사건립을 위하여 숙련된 목수 20명 동원(독도의용수 비대원들의 주둔을 위하여 당시 부득이 하였던 부당 동원이었음을 홍대장도 자기 수기에서 인정하고 있다.)

(4) 보급대
(독도주둔 시 홍 대장 기록): "이따금 쌀밥 한 그릇 가득히 먹고 싶은 때도 있으나, 울릉도에서 고생하는 김인갑 보급 참모와 아내 박영희, 또 보급하는 구용복 동지 등이 싸전에 가서 독도에 식량이 바닥날 지경이라는 등 치사하게 애걸하는 꼴을 상상하면..." 23)

수산물 채취에 있다."
23) 홍순칠, 전게서 각주 1), p.173.

(5) 수송대
- (홍대장의 기록) "수송대의 삼사호선은 독도의용수비 대가 독도에 주둔한 3년8개월간 울릉도와 독도 간을 50-60회 왕복했을 것이지만 기름값 외에는 주지 못했다.24)
-(1955.6월 제주해녀채취 미역 만재 삼사호 울릉도향발 후 4일간 무소식 때 홍순칠 대장): "수비대도 이제 끝장인가 보다! 대원들을 다섯 명이나 한꺼번에 잃고, 창설이래 그토록 헌신적으로 협력해 준 삼사호 와 그 선장이랑 선주를 잃고 어떻게 더 버틴단 말인가?"(삼사호는 엔진고장으로 표류 끝에 5일 만에 묵호 항 도착 전문 발송하여 왔음)25)

라. 독도의용수비대와 경찰당국 간 협조
(6.25 한반도 전쟁 중 및 그 직후 특수여건 하에서)

(1) 일반적 경향
- 전시 하에서 특히 재향군인회와 경찰의 긴밀 협력관계 유지 (공산군 등 대항 이란 공동목표 하에서)
- 상이용사들에 대한 국가의 생계지원 부족으로, 특히 자력갱생활동 지원 등 협조

(2) 독도의용수비대와 울릉군 및 경찰 협력
- 독도의용수비대 창설초기 울릉경찰서 무기 활용 집총훈련 협조26). 경북경찰국은 소련제 직사포 1문, 박격포 1문 지원(조

---

24) 홍순칠, 전게서 각주 1), P.26, P. 40:(홍대장) "...우리는 전쟁터에서 죽었다 살아남은 용사들이야. 지금 살고있는 것은 덤이야. 그러기에 고생을 무릅쓰고 독도와 그 주변을 지키고 있는 것 일세.... 특벽히 보수를 주지 못 한것이 (삼사호 선주요, 기관장인 이팔영에게)에 미안함을 금치 못 했다. (이필영)" 홍군! 내격정은 조금도 하지말게. 실은 기름 값도 받지 않아야 옳은데...". (홍순칠) "3년간 한 결 같이 독도와 울릉도를 오간 것이 50-60회는 되었으니..."
25) 金敎植, 저게서 각주 20),獨島守備隊, p.268.

준대 없는)27) 참고. 2군과 경북 병사구사령부: 소총 몇 정, 권총 및 경기관총 1정 독도의용수비대에 지원28)

- 독도와 울릉도 간 무선통신 협조

　독도의용수비대 는 독도주둔 초창기 울릉도와의 연락을 3마리의 전서구(傳書鳩)를 활용했으나, 후에 울릉경찰서의 협조로 무선통신 사용 가능케 됨:울릉도 무선국 견습통신사 경험을 가진 허학도 등 2명의 신규 수비대원을 경찰관으로 임명하여, 독도 주둔토록 함으로써 무선통신 사용케 됨(1일2회 이상유무 울릉도경찰에 보고).29) 이 경우 허학도 등 통신사는 수비대원 신분과 경찰관 신분을 겸직 한다고 볼 수 있을 것이다.

- 동 수비대 독도막사 건립 시 울릉군 과 경찰당국 협조지대(해송벌채, 인력동원 및 운송).

⑶ 독도의용수비대원 중 희망자 전투경찰 특채(1956.8월) 등

　㈎ 경찰관 특채대상 독두주둔 수비대원의 선발 등 일체를 홍대장에게 일임함(동 대상 대원들 스스로)

　홍대장은 10명을 선발하여 울릉경찰서에 일건 서류를 송부했고, 동 발령은 곧 나왔다.30)

---

26) 홍순칠, 전게서 가주 1) 이 땅이 뉘 땅인데 ! p.22.
27) 전게서,p.37.
28) 전게서, p.22.
29) 홍순칠, 전게서 각주 1), p. 68: "그런데 죽은 허학도가 어떻게 경찰통신사가 되어 독도에 오게 되었나?... 경찰국장에 부탁하여 우리수비대에 통신시설이 필요한데 비용도 문제이지만, 시설무선국허가를 득하자니 그 수속이 여간 까다롭지 않고 그 해결방법으로서 독도에 무선시설만 되면 울릉도경찰서와 교신토록 하고 통신사는 필자인 대장이 추천할 티이니 경찰국장은 정식경찰관으로 우대 임명해주면 좋겠다고 했더니 초임에 경찰관경력 5년에 해당하는 호봉으로 임명되었다....김종원 경찰국장 일행이 위문 오는 날 허군은 죽었는데 민간인 신분인 필자가 시체를 놓고 경사로 추서한 것은 지금 생각하면 넌센스라 하겠다. 허군 대신 필자가 통신을 맡아 다음 날 부터 교신을 해야 했는데 그 때 교신은 하루 2회 였다.; 金敎植, 전게서 각주 2) 다큐멘터리 獨島守備隊, pp. 154-56.
30) 김교식, 전게서 각주 20),pp. 291-95 :10명의 전투경찰 몫으로 봉급 및 수

(나) 경찰관특채 발령 조치 후 얼마 있다가 경찰파견대 도착

"울릉경찰서 독도파견"(경사 1명 외 경찰관 5명)이 독도에 도착하였다.31) 이 때 홍대장은 새로 도착한 동 파견대장에게 다음과 같이 말하고, 의용수비대는 서도로 주둔지를 옮김으로써, 독도는 일시적으로 관민합동수비대 주둔을 경험하게 된다:"(홍순칠 대장) 우리의 적은 일본이오......아무래도 늦게 온 사람이 더 불편이 많을 것 같아서 시설이 좋은 동도를 맡기겠소....".32)

(다) 기타: 울릉경찰서 독도파견대 부임

① 1953. 7. 30 박춘환 경사 외 4명33)

―――――――
당 등이 매월 나왔으며, 쌀3가마, 보리쌀 1가마가 보급되었다. 동 수비대원들의 경찰관 특채와 관련하여, 보급대원이며 홍대장의 처인 박영희 여사 는,동 수비대원들의 독도주둔은 1953년부터 이었음을 근거로 홍대장은 경력으로 인정하여 줄 것을 건의했으나, 관계당국이 1954.12월로 소급 발령한 것으로 알고 있다고 필자에게 2007.7.6 말한 바 있다.
31) 전게서, p. 297.
32) 전게서,p. 300. ; "
33) 홍순칠, 전게서 각주 1), pp.50-51: "휴전 며칠 후인 7월 30일 난데없이 해경대 경비정 칠성호(七星號)가 독도에 나타났다.... 그런데 칠성호 갑판에는 낯익은 경찰서 소속 경찰관들의 얼굴이 보이지 않는가 !...울릉도 지서주임인 박춘환(朴春煥) 경사가 계급이 제일 높고, 그 외에는 순경 4명이 있었다. 그들이 가져온 물건을 살펴보니 각자 '칼빈소총' 1자루와 약간의 식량, 간장, 된장 에다 소주 몇 상자 였다. ...필자(홍순칠 대장)는 박경관에게 내일부터 박격포 쏘는 훈련과 독도에서 근무하는 요령들을 배우고 오늘 밤부터 같이 근무해야한다 는 등 여러 가지 참고사항을 죄다 예기했다."; P.53-54:"하필이면, 다음날 (경찰관 독도 온 다음 날) 새벽 일본 해상보안청 소숙 순시선 PS11정이 동서 양도 사이 300m 위치에 나타나...우리 측에서 먼저 중기와 경기로 총격을 가하니 뜻밖에 당한 일본합선은 동도를 거쳐서 동쪽으로 달아나고 말았다...(홍순칠 대장):" 박형, 총소리 못 들었소?...며칠 동안 박격포 쏘는 방법도 알려주고 일본합선이 출몰하면 동서 양쪽에서 협공하자고 했는데, 얼씬도 하지 않고 있으면 독도에는 오나마나 한 일 아니오", pp.305-6:"...불과 1주일이 못 가서였다. 한사람이
전마선을 타고 떠난다고 하니, 너도나도 하고 우루루 따라나섰다. 최후까지 말없이 보고만 있던 박경사도 전마선이 막상 떠나려하자...허겁지겁 따라나서는 것

목적: 독도경비
② 1954. 10. 20 손기수 경사 외 3명
목적: 독도경비 및 경찰국장 입도관계 업무34)

㈑ 홍대장의 독도경비업무 인계조건 제시
홍대장은 경북경찰국장에게 다음과 같이 호소했다.35)

　:"국장님은 잘 아실 껍니다. 우리대원들이 독도 지키는 데는 어떤 경찰관 보다 낫입니다. 모두 자격은 없지마는 선장을 맡겨도 할끼고 기관사를 맡겨도 할끼고, 잠수 식력이나 산악 등반 실력도 다 뛰어납니다. 그러니까 이미 정경발령 받은 사람은 그대로 두고, 나머지 중에서 수산고등학교 나오 고 군에 갔다 온 사람은 다 경찰관 임명해 주소. 그렇게 해주시믄 우리가 쓰던 막사와 장비 일체 다 울릉경찰서에 인계 하겠임더."
(경찰국장):"좋습니다. 그렇게 합시다."

㈒ 독도의용수비대의 독도경비 인계: 1956.12.25
울릉경찰서의 전문 도착:(요지)"독도수비임무를 인수할 준비가 완료되었음. 수비대 형편은 어떤지 알려주기 바람."
홍대장은 시기적으로 임박하여 있는 크리스마스 날(1956. 12. 25)을 인계인수일로 제시하였던 바, 인계인수일 승낙 전문을 울릉경찰서로부터 곧 받게 되었다.
홍순칠 대장은 크리스마스 전야 전체 의용수비대원을 화톳불을 피운 막사 앞뜰에다 집합시키고, 그 주변에 술상을 준비시켰다. 독도의용수비대 의 독도에서의 최후의 밤! 한겨울의 찬 바람이 눈발까지 흩뿌리고 있었다. 홍순칠 대장은 전 대원을

---

34) 김교식,전게서 각주 20), p.167: "홍순칠은 곧 무선실로 들어가 울릉경찰서를 불렀다. '울릉도... 여기는 독도 수비대...허학도 통신사가 순직했다. 경찰관은 전원 철수했다...'이었다."
35) 전게서,p. 325.

향하여 다음 취지의 연설을 했다.36)

:"...여러분! 우리가 국토방위의 신성한 임무를 자각하고, 스스로 우리의 땅을 지키기 위해서 맨 주먹이나 다름없는 몸으로 독도에 온지도 어언 3년의 세월이 흘러갔소! 그 동안 우리는 일본의 순시선을 수차래 걸쳐서 물리치고, 독도가 일본 땅이라고 허무맹랑한 주장을 하는 일본의 야욕을 물리치는데 전심전력으로 싸워 왔소. 이제 우리는, 그간의 경위야 어찌 되었던 간에, 독도수비의 임무를 국립경찰에게 내일이면, 인계를 하고 떠나야 하게 되었소! 물론 여러분들 가운데는 정식경찰관 임명을 받아 계속 독도 수비 임무를 수행하게 될 분이 계실 터이나, 독도수비대 라는 이름은 오늘이 마지막이요.

그러나 여러분! 맥아더장군이 노병은 죽지 않고 사라질 뿐이다 - 한 것처럼, 우리는 결코 죽는 것이 아니요! 우리는 애당초 누가 시켜서 한 일도 아니요. 나라가 위급할 때 스스로 일어난 의병이요! 향토바위의 역군으로서 언제든지 조국이 우리를 필요로 할 때에 우리는 다시 힘을 합해서 일할 것이요! 이 밤이 새면 독도를 떠나갈 몸이긴 하지마는 독도수비대는 영원히 죽지 않고 잠시 떠날 뿐이요!... 여러분! 감사합니다. 여러분들을 데려다 놓고 3년간이나 죽을 고생을 시킨 이 홍순칠을...여러분! 용서해 주시요!"

이 고별연설을 들은 독도의용수비대원들은 서로 옆 동지들을 부둥켜안고 소리 내어 울었다.

-크리스마스 날 오전 10시 경위 1명과 28명으로 구성된 "독도경비경찰파견대"를 실은 경찰경비정이 독도에 도착하였다.

3. "독도의용수비대"의 독도주둔수비(3년 8개월) 임무완료 후 임무인계 : 1956. 12. 25

---

36) 전게서, p.335-36.

가. 독도의용수비대와 독도경비 울릉경찰서 파견대 간 인계인수식

동 수비대가 사람이 거주한 적이 없던 불모의 섬, 독도에서 3년8개월간 주둔하며, 독도수비를 성공적으로 마치고, 자랑스럽게 그 수비임무를 1956.12.25 독도에서 국립경찰에 인계했다. 의병(義兵)의 유구한 전통에 빛나는 대한민국국민의 그 감격적이고 아름다운 민관 간 인계인수식 광경을 "다큐멘터리 독도수비대"(獨島守備隊, 金敎植, 1979)는 다음과 같이 기술하고 있다.37)

다 음

" 33명의 수비대원들은 몇 년 만에 처음으로 팬티 위에 바지와 저고리를 입고 신발을 신은 모습으로 막사 앞에 정열 했다. 울릉경찰서 구국찬 총경이하 간부들. 그리고 독도파견대 대원들이 맞은편에 정열해 섰다.
「차렷!」 황영문부관이 구령을 외쳤다.
「국기를 향하여 경례!」
홍순칠 과 새로 부임한 파견대장이 함께 국기를 계양했다. 경찰서 나팔수가 트럼펫을 불었다. 트럼펫 소리는 가없는 바다위로 멀리 멀리 흩어져 갔다.
서서히 계양되는 태극기를 올려다보는 홍순칠의 눈에 이슬이 맺혀 왔다. 등 뒤에서는 어느 새 대원들의 흐느낌 소리가 들려오고 있었다.
「바로!」 구국찬 경찰서장과 홍순칠의 짤막한 인사말이 교환되고, 그간 수비대가 가지고 있던 무기를 비롯한 모든 재산의 인계가 있었고, 대원 중 경찰관 임명을 상신한 서기종(徐基鍾), 양봉준(梁鳳俊), 하자진(河自振), 배석도(裵錫道),김호철(金浩喆) 등에 대한 정경(正警) 임명장 수여가 있었다.

---

37) 전게서,PP.337-39.

제2장 독도의용수비대의 창설과 그 특성   49

  점심식사가 준비되는 동안 대원들은 자기들이 3년간 정들여 온 독도를 한 바퀴 살펴보았다....
  사공아 뱃사공아 말 물어보자, 울릉도 동백꽃이 피어 있더냐
  정든 내 울타리에 정든 내 울타리에 새가 울더냐
  수비대원들을 실은 배가 독도를 뒤로 하고 떠날 때, 떠나고 보내는 사람들이 합창하여 눈물을 글썽인 노래였다."

나. 독도의용수비대가 국립경찰에 인계한 무기 및 장비[38]

-80mm 박격포 1문, 포탄 200발
-중기관총 1문, 실탄 20,000발
-M1 소총 20정, 실탄 1,000발
-M2 소총 5정, 실탄 200발
-권총 3정, 실탄 300발
-보급선(삼사호) 1척
-20mm 직사포 1문, 포탄 3발
-경기관총 1정, 실탄 3,000발
-칼빈소총 3정, 실탄 1,000발
-다발총 1정, 실탄 500발
-포대경 1대
-전마선 3척
-병영시설 1채.

다. 독도의용수비대 연혁[39]

* 1953. 4. 20 수비대 독도 상륙
* 1953. 6. 24 일본 오게수산고등학교 연습선 '지토마루' 호

---

38) 홍순칠, 전게서 각주 1) 이 땅이 뉘 땅인데,p.270.
39) 전게서, p.269.

를 독도 서도 150m 해상에서 나포, 독도가 한국 영토임을 설득 귀향 조치
* 1953. 7. 12 일본 해상보안청 소속 순시선 위협사격으로 격퇴
* 1954. 7. 15 목대포 설치
* 1954. 6. 25 '한국령' 임을 바위에 새김
* 1954. 11. 21 일본 해상보안청 소속 순시함 PS9, PS10, PS16함과
비행기 1대 총격전으로 격퇴
* 1956. 12. 30 독도의용수비대 임무 3년 8개월 만에 국립경찰에 인계
* 1966. 4. 12 대한민국 정부로부터 독도의용수비대 방위포장 수여
* 1966. 9. 서도 물골에 급수장시설 확장 수조탱크 설치
* 1983. 6. 21 동도 정상에 대형 태극기 설치

제3장 독도의용수비대의 활약(firing)과 그 국제법적 고찰

1. 독도주둔 활약(발포 등)

6.25 한반도전쟁 중 주로 북방 전선에서 혁혁한 전공을 세우고 부상으로 명예제대 되어 귀향한 역전의 용사들로 편성되었던 독도의용수비대원들의 유일한 독도주둔 목적은 독도에 불법 침입하여 오는 일본순시선을 정당방어(self-defence) 차원에서 발포(firing)를 통하여 일본순시선의 독도 불법침입을 저지하는 것 이었다. 독도의용수비대가 독도에 주둔하는 동안 독도의용수비대가 실제로 불법적으로 독도영해에 침입한 일본순시선에 대하여 발포한 사건과 이에 대하여 일본정부가 외교계통을 통하여 항의한 내용을 사건별로 고찰하여 보고자 한다.

가. 제1차 발포(firing): 1953. 5. 28

(1) 발포경위

독도의용수비대가 독도에 주둔한지 약 1개월 후인 1953.5.28 안개가 약간 깔린 날 독도 150m 근거리 까지 1,000톤급 일본경비정이 그 형체를 들어냈다. 독도의용수비대가 M1소총으로 공포3발을 쏘았던 바,40) 일본순시선41)은

---

40) 홍순칠, 무명용사의 훈장(獨島義勇守備隊),(서울: 신원문화사, 1986), p.213.
41) 이 불법적으로 독도에 침입한 일본선박을 홍대장은 "일본순시선" 이라고 알

확성기로 "나가레테 기다까"(표류해서 왔느냐)고 일본말로 반응을 보였다.

제1전투대장은 경기관총으로 일본순시선을 겨냥하고, 제2전투대장은 대원들을 옆으로 분산시켜 M1소총으로 대치를 명하였다. 홍대장은 자기의 수기에 이 대목을 다음과 같이 기록하고 있다: "산꼭대기의 태극기와 바닷가에 설치된 천막으로 봐서, 사람이 살고 있다는 것을 판단했던 것 같다. 이때가 일본경비정을 사실 최초로 본 것 이었다."42)

(2) 일본외무성의 항의: 1953, 6. 22자 일본외교구술서(Note VerbaleNo.167/A2).

동 일본 측 항의구술서43) 는 당시 주일한국대표부에 전달되었는바, 그 요지는 다음과 같다.

:"1953.5.28 오전 11시 일본 시마네현 소속 어업시험소 시험선 "시마네 마루"호가 해양생산실험에 관한 조사를 하려고 시마네현 소속의 다케시마(독도) 인근을 항해 중 약 30명 저도의 한국인집단을 발견했다 그들은 약 10척의 동력선 또는 범선을 타고 다케시마(독도)와 그 인근 수역에서. 미역을 따거나 조개잡이를 하고 있었다.44) 다케시마(독도)가 일본의 일부분임은 다툴 수 없는 사실이다. 장차 유사한 경우가 발생되는 일이 없도록 적합한 방편을

고 있으나, 일본의 항의서 상에는 동 일본선박이 일본 시마네현 소속 "어업시험선" 아라고 한 점에 비추어, 홍대장으로서는 처음 보는 일본선박이라 구분이 어려웠던 것 같다.

42) 전게서, p.213.
43) 執務資料 77-134(北一) 獨島關係資料集(I) 往復外交文書(1952-76)-外務部, 1977.7.15), p.10.
44) 金敎植, 전게서 각주20),p.264:"(홍대장) 우리의 유일한 군자금원(軍資金源)은 수산물 채취에 있다 고 회의 벽두에 대원들에게 역설을 했다.": 따라서, 필자가 보기에, 일본의 항의구술서 중 약30명의 한국인들은 독도의용수비대원들 지칭하는 것 같다. 특히 자급자족해야하는 동 수비대원들은 낮에는 미역 채취, 전복, 소라, 어업등 종사는 불가피하였다는 홍대장의 수기 상 기록에 비추어 더욱 그렇게 짐작할 수 있을 것이다.

제3장 독도의용수비대의 활약과 그 국제법적 고찰   53

취할 것을 요구한다." (본문발췌: "1. At 11 A.M. of May 28, 1953, the "Shimanemaru", an experiment ship of Shimane Prefectural Fish Experiment Station, Japan, while navigating near Takeshima of Shimane Prefacture to conduct investigation concerning marine product experiments, discovered a group of about thirty Korean nationals, aboard motor-driven or sailing vessels about ten in number gathering sea-weeds and shell-fishes at Takeshima and in the territorial waters of the said islets. 2. As has been clearly stated in the Ministry's Note Verbale of January 28, 1952...It is indisputable fact that Takeshima is part of the Japanese territories...and request that effective and adequate measures be taken in order to prevent recurrent of a similar case in future.)

(3) 주일 한국대표부의 대응 조치: 아측 대응구술서(1953.6.26자)를 일본 외무성에 전달.

아측 구술서요지: "독도가 한국의 영토임은 재론 불요. 따라서 약30명의 한국인들이 독도영해에서 미역채취 등을 한다는 것은 합법적 이다. 한국인들이 독도영해에서 조업하는 것에 항의하는 일이 없기 바란다.

나. 제2차 발포: 1953. 6. 25

(1) 발포경위

일본깃발을 휘날리며 독도의용수비대 막사(주. 서도) 앞을 통과한 일본순시선이 속칭 가제바위 옆에 1963.6.25 멈추었다. 선미 쪽만 4m 가량 보였고, 앞쪽은 산에 가려 보이지 아니 했다.

홍순칠 대장은 제2전투대장 정원도 동지에게 기관총으로 20

발 가량을 선미에 발사할 것을 명령했다. 홍대장은 쌍안경으로 확인해보니, 탄알은 동 일본 순시선에 명중하였지만,45) 순시선 철판은 뚫지 못 하였다. (중기관총은 설치장소가 적당치 못 하여 불사용). 이 사건을 계기로 시계 90° 밖에 되지 않는 서도에서 텐트막사를 동도(東島)로 옮기기로 결정했다.46) 그 후 보급선 수송 편으로 한반도전쟁의 휴전 소식을 들었다.

(2) 한국 측의 일본 외무성에 대한 항의구술서47): 1953. 8. 4
 항의구술서 요지: 일본인들의 반복된 불법행위와 독도천입 (repeated unlawful acts and intrusion... by the Japanese nationals) 에 항의하고 재발 방지요구. 동 내용 중에 독도의용수비대의 제2차 발포일인 1953. 6. 25 오후 4:30경 일본선박이 독도에 접근하여 9명이 상륙하여 독도에 머무르고 있는 6명의 한국인들에게 체제목적이 무엇인가를 물었다는 기록이 나온다.

(3) 일본 측의 대응구술서(Note Verbal No.205/A2, 1953. 8. 8 자)
 동 구술서 요지: 한국관민이 여러 번 불법적으로 다케시마(독도)에 들어갔고, 일본정부 관리들이 독도근처에 이르면 한국정부 관리들이 이들에게 불법적으로 발포하였다.48) (본문발췌: "...the Korean nationals and government officials intruded unlawfully into Takeshima on many

---

45) 홍순칠, 전게서 각주1), p.215.
46) 전게서, p.215.: "울릉도에서 석공과 목수 및 장정 등 도합 약230명을 동원하여 본인 소유 산림에서 벌채한 10대 추럭분의 목재를 이용하여 동도정상에 막사를 신축했다.
47) 전게서, 42)독도관계자료집(I) p.26.
48) 동 2차 발포직후 막사를 서도에서 동도 정상으로 옮길 필요성을 알게 되었다는 정황설명과 그 후 얼마 지나서 6.25한반도전쟁의 휴전소식을 수송대 편으로 알게 되었다는 것 및 일본항의 구술서 상의 "발포"언급 등으로도 동 발포는 확인될 수 있을 것이다.

occasions, and the Korean government officials opened fire unlawfully on the Japanese government officials who happened to be near the islets for investigation).

다. 제3차 발포(막사를 동도로 옮긴 후): 1954. 8. 23.

(1) 발포경위

일본순시선은 먼 거리에서 수평선으로 사라지곤 하였다. 그러나 1954.8.23 일본 해상보안청 소속 순시선 PS 9 "오끼"호가 동도 500m 지점으로 접근했다는 동초의 보고를 받은 "독도의용수비대"는 전투태세에 돌입했다. 일본순시선은 계속 접근하였다. 거리 300m에서, 홍대장은 기관총 발사를 명령했다. 후미 쪽에 수발이 맞은 순시선은 진로를 바꾸어 도망갔다.[49]

(2) 일본 외무성의 항의구술서(1954.8.26) 접수[50]

항의구술서 요지: 일본 해상보안청 순시선 "오끼"호가 1954. 8. 23 다케시마(독도) 인근에 도착하여 서도 북서쪽수역에 순항하는데, 돌연히 서도해안 동굴(caves)에서 한국당국이 순시선에 발포하였다. 동 발포는 약 10분간 지속되었다. 이 때 약 600발이 발사되었고, 그 중 1발이 선교우현 포대실(the starboard room)을 관통했다. 일본정부는 한국정부에 반복하여 다케시마(독도)는 일본 땅의 한 부분임을 분명히 했다. 일본정부는 한국정부에 가장 강력한 항의(a most energetic protest)를 하는 바이며, 다케시마(독도) 상의 한국당국의 즉각 철수(the instant withdrawal of the Korean

---

[49] 홍순칠, 전게서 각주1) p.223; 동 전게서 상 발포년도가 "1953"으로 되어있으나, 동 내용이 일본 측 항의구술서 내용으로 보아서 "1954"의 오류로 보여 필자가 이를 "1954"로 정정하였다.

[50] 전게서, 각주42) 執務資料(獨島關係執務資料集(I)), p.64.

authorities on Takeshima) 뿐만 아니라 한국정부의 공식사과(the formal apologize of the latter) 및 책임자 처벌을 포함하여(including the punishment of the persons responsible) 지체 없이 효과적이고, 적절한 조치를 요구한다. 일본정부는 일본순시선의 피해에 대한 적당한 배상청구권을 유보한다. (원문발췌:

The Ministry of Foreign Affairs presents its compliments to the Korean Mission in Japan, and, in regard to the intrusion into Takeshima, territory of Japan, and unlawful firing upon a patrol ship of the Maritime Safety Agency, which have been perpetrated by the Korean authorities, has the honour to make the following representations;
1. The "Oki", a patrol ship of the Maritime Safety Agency arriving in the neighbourhood of Takeshima on August 23, 1954 for investigation, and cruising the water 700meters to the north-west of Nishijima of the said Takeshima, was, at 8:40 A.M., suddenly fired upon from the caves on the shore of Nishijima. The firing lasted for about 10 minutes and 600 rounds of shot were fired during the time. One of the bullets passed through the starboard battery room of the ship's bridge. 2. The Japanese government has repeatedly made clear to the Korean government that Takeshima is part of Japanese territory.... 3.Having grave concern with the unlawful attack on a Japanese government vessel by the Korean authorities mentioned above...Japanese government demands the formal apologize of the latter as well as

the instant withdrawal of the Korean authorities on Takeshima, and...)

(3) 항의구술서 상의 "한국당국"

일본 측 항의구술서 3.항의 다케시마(독도) 위에 있는 "한국당국"의 즉각 철수(the instant withdrawal of the Korean authorities on takeshima) 운운 시의 "독도위에 있는 한국당국"은 독도의용수비대의 독도주둔을 지칭하는 것으로 해석된다.

라. 4차 발포: 1954. 11. 21

(1) 발포경위

1954. 11 21 해 뜰 무렵 홍대장이 기상하자마자 막사 밖으로 나가 섬 주위를 한 바퀴 훑어보는데 전방 1km 해상에서 일본함정이 독도를 향하여 오고 있었다. "본능적으로 좌우를 보니, 오른 쪽, 왼 쪽, 이것은 완전히 포위 상태에서 독도를 공격하는 구나"라고 직감적으로 느꼈다고 홍대장은 수기에서 적고 있다. "막사 안으로 뛰어들어 비상을 외치고 쌍안경을 집어 확인하니, 1,000급의 일본함정 PS 9, PS10, PS16 이었다. 홍대장은 작전명령을 내렸다. 일본함정이 500m 까지 접근했을 때 자기가 권총으로 발사 신호한다.

박격포는 먼저 PS9함을 때리고, 중기관총은 박격포 뒤에 쏘되, 지휘탑을 파괴하고 다음에 좌우 쪽 PS10, PS16 을 같은 요령으로 공격한다." 홍대장은 "이번 전투를 승리로 이끌어 다시는 일본함정이 독도를 침입 못 하게해야지" 라고 마음속으로 다짐했다. 홍대장의 수기는 이 긴박했던 상황을 다음과 같이 기록하고 있다." 일본함정은 700m에서, 600m로 오고, M1 소총 유효사거리에 들어왔다. 일본함정들이 약 500m 거리로 접근하였을 때 한 쪽 날개에 폭탄 6개를 장착한 일본 비행기 1대가 독도수비대 머리 위를 저공비행하기 시작했다. 드디어 "탕!" 한발의 신호와 함께 일제히 독도가 떠나갈 듯 총성이 울려 퍼지고, 6.25 때 명사수 특무상사 출신 서기종(徐基鐘)이 쏜 박격포 제1탄이 PS 9 함에 명중돼 선수에서 몇 사람이 나가 떨어지는 것을 볼 수 있었다....중기관포에 치명상을 입은 PS10 함은 먹구름 같은 연기를 뿜어내면서 동 쪽으로 도망했다. 비행기만은 계속 독도를 선회하면서 위협하고 있었다. 수비대원들은 대공사격자세를 가추고 사격개시 명령을 기다리고 있었다.
상공을 선회하던 비행기는 일본 쪽으로 날아가 버렸다."51)

이날 독도의용수비대가 소모한 실탄:
박격포탄 9발, 중기관총 500여발, 경기관총 500여발

그 날 오후 5시 치안국으로부터 독도의용수비대장에게 당일 있었던 일본 순시선과의 총격사건 진상을 상세히 보고하라 는 내용이 무선통신을 통하여 접수되었다. 홍대장은 당일 사건내역을 울릉도에 전하였다.52) 홍대장이 그날 정오 일본 라디오 뉴스에서" 다케시마에서 한국경비대가 발포해서 일본 해상보안청 순시함 들이 피해를 입고, 16명의 사상자가 발생했다" 는 보도가 흘러나왔고, 당시 "독도우표"가 부착된 우편물을 일본에서 한국으로 반송시켰다" 는 내용도 홍대장은 기록하고 있다.

(2) 일본 외무성의 항의구술서(1954.11.30자, No. 215/A5)53)
항의구술서 요지: 불법적으로 다케시마(독도)를 점령하고 있

---

51) 홍순칠, 전게서 각주 1), pp.71-73.; 홍순칠, 각주 11)무명용사의 훈장(獨島義勇守備隊), (서울:시원문화사, 1986),pp.227-28.
52) 전게서 각주 20),p.178.
53) 전게서, 각주 42), 執務資料 (獨島關係資料集(I), p.124.

는 한국당국(the Korean authorities)에 의한 일본 순시선에 대산 포격(bombardment)에 관하여 언급한다.

1954. 11. 21 아침 일본순시선 "오끼"호와 "헤쿠라"호가 조사차 독도인접수역에 이르렀다. "헤쿠라"호가 서도의 북서방 3마일 지점에 접근하자 불법적으로 동 도서를 점령하고 있는 한국당국(the Korean authorities)이 오전 06:58과 07:00 사이에 5발의 포탄(five cannon shells)을 동 일본 순시선에 발사하였다. 독도영유권 문제를 평화적으로 해결하기위하여 일본정부는 이를 국제사법재판소에 제소하자는 제의를 하였으나, 한국정부는 동 제의를 거절하였을 뿐만 아니라 일본영토인 다케시마(독도)에 한국 당국이 계속 주둔을 허용하고, 일본정부 선박에 발포를 허용했다. 일본정부는 한국정부가 전기 제의를 거부하는 한 차후 독도에서 일어나는 모든 복잡한 사태(all complications)에 대한 책임은 한국정부에 있다는 것을 선언한다. 1954. 11. 30 도쿄. (원문 발췌: The "Oki" and "Hekura", two patrol ships of Maritime Safety Agency, arrived in the waters adjacent to Takeshima on the morning of November 21, 1954, for investigation. When "Hekura" came to a point about three miles northwest of Nishijima, the Korean authorities unlawfully occupying the said island bombarded the ship with five cannon shells between 6:58 A.M. and 7 A.M..)

(3) 한국 측 대응구술서(1954.12.30)[54]

㈎ 구술서 내용

주일 한국대표부는 소위 일본 순시선에 대한 한국당국(the Korean authorities)의 포격에 관련한 1954. 11. 30자 일

---

54) 전게서, pp. 128-30.

본 외무성 구술서에 관하여 언급합니다.

I. 1954. 11. 21 오전 5시경 2척의 일본 함정이 대한민국 영토의 일부분인 독도영해 내에 천입하였다. 그 중 한척인 PS 14는 2문의 대포가 장착되어있으며 양 함정에는 4-5명이 서 있는 것이 목격되었다.

동 도서에서 직무수행 중인 한국인 관리들이 PS 14함이 서도 1,500 야드 지점에 닻을 내리고 또 다른 함정 1척이 동도 1,500 야드 지점에 닻을 내리는 것을 보고 동 수역에서 철수 하도록 하는 신호를 보냈으나, 일본함정들은 이를 무시하였다.

이런 여건 하에서 한국 관리들은 어떤 위협이나 천입으로부터 이들 도서들을 보호해야 할 자기들의 직무수행 상 수발의 경고사격을 가해야했다. 이미 해명한바와 같이, 독도는 재론의 여지없는 한국 영토이므로 한국 관리들이 어떤 불법적 행위로부터 독도를 지키기 위하여 어떤 필요조치를 취할 의무가 있고 또 장차 계속해서 그런 필요조치를 취할 것임은 자명한 것이다. 무장한 일본선박들의 일련의 한국영해 천입은 대한민국의 안보에 심각한 위협을 형성한다는 것은 의심의 여지가 없다. 이에 한국정부는 이번 사건 책임자처벌을 포함하여 장차 유사 사례 재발방지를 위한 효율적 조치를 취할 것을 일본정부에 요구한다.

(나) 구술서(1954. 12. 13자)[55]

주일 한국대표부는 1954. 12. 13자 구술서를 일본외무성에 제출했다. 동 구술서 요지: 독도는 한국영토를 구성하는 한 부분이다. 독도는 역사적 및 국제법상 한국영토임이 거증된다. 때문에 한국이 독도관할권을 갖는다는 것은 의문의 여지가 없다. 한국은 한국영토인 독도그림이 있는 우표발행권이 있다.

따라서 일본이 한국의 독도우표발행에 항의할 입장에 있지

---

55) 전게서, p.126.

않다.

마. 기타: 목대포(木大砲)의 동도정상 등장

(1) 설치동기 및 일본 순시선의 반응

홍대장의 기록에 의하면, 1954년 말경부터 독도근해를 침입하는 일보순시선의 수는 늘어났다. 일본의 비행기와 수척의 함정이 동시에 출동함에 불안을 느낀 독도의용수비대원들은 중지를 모은 끝에 대형 대포와 실탄을 막사 짓고 남은 원목목제를 이용하여 만들기로 하였다.56)

"포병출신의 김영호(金榮浩) 대원이 시작한지 1 주일 만에 멋진 대포를 완성 했다. 포구 직경이 20cm, 포신이 자유롭게 빙빙돌고 미제 이나멜로 단장된 신형 대포였다. 후일 일본에서 발간되는 「킹」이란 월간지에 「독도에 거포설치」 란 기사가 났는데, 필경 이것은 일본 함정에서 망원경으로 찍은 우리 수비대의 목대포이며, 진짜에 흡사했다." 다음 달 24일 일본 함정이 나타났는데, 이제는 독도에 근접하지 않고, 먼 곳에서 배회할 뿐 함정의 번호식별도 힘들게 되었다" 고 홍대장은 기술하고 있다.

(2) 일본의 대포설치 항의구술서(1954.10.21자-No.185/ A5)57)

1954. 10. 2일 아침 순시선 "오끼"호 와 "나가라"호가 독도에 접근하자, 7명의 한국정부 관리들(Korean government officials)이 돌연히 동도(東島)위에 새로 설치된 대포 정위치에 포진한 후 포구를 순시선 쪽으로 향하였다. 일본정부는 즉각 독도로부터 한국당국(Korean authorities) 철수와 동 대포 등의 철거(the removal of the gun)를 요구한다.

---

56) 金敎植, 각주 20) 다큐멘터리 獨島守備隊, p.233.; 홍순칠, 상게서 각주 1) 이 땅이 뉘 땅인데 !. p.76.
57) 전게서, 각주 42) 資料集(獨島關係資料集(I)), p. 117.

2. 국제법적 고찰(안용복사건, 독도의용수비대의 발포와 일본순시선의 퇴각)

가. 안용복 사건 때의 일본 막부정부 인정

(1) 개황
* 1차 일본입국(1693년)

안용복은 원래 동래부의 수부(선원) 출신 어민으로 직무 수행 상 왜관 출입기회가 있어서 일본말을 잘 알 고 있었다. 1693년(조선숙종19년) 봄 동래 및 울산 어부들과 함께 울릉도에서 고기잡이를 하다가 그곳에서 불법어로 행위를 하고 있었던 일본 어부들을 추방하고자 했다.

추방하는 과정에 시비가 벌어졌다. 중과부족으로 일본인 선원들에 의해 안용복 등이 일본으로 끌려갔다. 일본 오기도에 도착한 안용복 등은 백기주(伯耆州)태수에게 이송 되었다. 안용복은 당당하게 "울릉도" 및 "독도"가 조선국 영토임을 설파하고 일본어부들의 조선 땅 출어 금지 조치를 요구했다. 백기주 태수는 안용복 등을 에도(도쿄의 옛 이름)의 관백(關伯)에게 이송하였다. 관백도 안용복의 주장을 인정하여 백기주 태수에게 서계 작성 등 조치를 취하도록 했다. 안용복 일행은 나가사끼 및 대마도를 경유 귀국시켰다. 그러나 대마도주의 간계에 의하여, 귀국 도중에 안용복은 서계는 빼앗기고 도리어 일본영토 라는 "다케시마" 불법 침입 죄목으로 구속되어 조선국에 송치되었다. 안용복은 비변사에서 조사를 받고 출감했다.

* 2차 일본입국(1696)

일본어부들이 그 후에도 울릉도 출어를 계속했으므로 백기주 태수가 약속을 지키지 않은 것으로 보고 담판코자 1896년(숙종22년에 일본에 들어갔다. 이번에는 순천 송광사(松廣寺)의

제3장 독도의용수비대의 활약과 그 국제법적 고찰   63

상승 뇌헌(雷憲) 등 16명과 무리지어 갔다.

안영복은 오기도주(奧岐島주)에게 "몇년 전에 내가 이곳에 들어와 울릉·우산 등의 섬을 조선 땅의 경계로 정하고 관백의 서계를 받아가기에 이르렀는데 이 나라는 정식(定式)도 없이 또 우리 경지를 침범하였으니 이것이 무슨 도리인가"라고 말하였다. 그러나 오끼도 태수의 미온적 태도에, 백기주(지금은 島根縣)갔다. 이때 안용복은 조선국의 "울릉", "우산" 양도감세관 (兩島監稅官)이란 관명을 사칭했다. 백기주 태수가 일본에 온 이유를 물으니 안용복이 담판하기를: "전날 두 섬의 일로 서계를 받아 내었음이 명백할 뿐 아니라 대마도주는 서계를 탈취하고 중간에 위조하여 여러번 왜의 사절을 보내어 불법으로 침범하니 내가 장차 관백에게 상소하여 죄상을 낱낱이 진술하겠다"고 말했다. 백기주 태수는 국경을 침범하여 울릉도에 들어갔던 일본인 15명을 적발하여 처벌하고 "두섬이 이미 당신네 나라에 속한 이상, 만일 다시국경을 넘어 침범하는 자가 있거나 대마도주가 혹시 불법으로 침범한 일이 있을 때, 국서를 작성하고 역관을 정해 들여보내면 마땅히 무겁게 처벌 할 것이다."고 약속했다. (이상 개황은 주로 신용하 교수의 韓國과 日本의 獨島領有權論爭, (2003, 한양대출판)을 참조했음).

(2) 국제법적 고찰

㈎ 일본 막부정부의 안용복 인정.

안용복의 1693년 및 1969년 양차에 걸친 일본입국 시 백기주 태수 및 애도의 관백에게 "울릉도와 독도"가 조선국에 속한다고 주장한 것이 일본정부 관계당국이 받아들인 것은 국제법상 합법적 인정이라 보아야 마땅할 것이다. 일부 일본인들은 안용복이 관명을 사칭하였고, 그 죄목으로 조선국 비변사의 조사를 받은 후 감옥 생활을 한 것을 들어, 부정적 견해를 주장한 것은 타당성을 찾을 수 없다.

첫째: 일본중앙정부(관백)는 일본국의 주권을 행사하는 기관이며, 주권은 그 국가 내에서 배타적 관할권(exclusive jurisdiction)을 행사한다. 따라서, 안용복이 민간이든지, 외교사설이든지 상대로 인정하느냐 또는 않느냐는 그 나라(일본) 주권자의 권한에 속한 것이다. 그런데 일본정부는 그를 교섭대상으로 인정한 것이다.

둘째: 1877.3.29자 일본 태정관의 "다케시마 외 1도"는 일본과 무관하다는 거증 근거로 "元祿五年朝鮮人人島아래"관련국과 왕복 협상 끝에 일본과 무관한 것으로 결정 되었다고 지적한 것은 막부정부가 안영복의 주장을 인정한 증거가 된다. 안영복의 관명사칭 죄 적용 문제는 일본국의 문제가 아니고 조선 국내문제이기 때문이다.

나, 독도의용수비대의 발포와 일순시선 퇴각당위성

독도주둔 독도의용수비대의 독도 불법침입 일본 순시선에 대한 발포(firing)는 국제법상 정당방위(self-defense)에 해당한다는 것은 재론을 요치 않을 것이다.

다만, 무장하고 있는 일본순시선이 독도의용수비대의 발포에 대항을 아니 하고 퇴거한 것은 그들 일본순시선도 독도의용수비대의 발포가 국제법상 정당방위로 인정한 증거라고 필자는 본다. 만일 일본 순시선이 그때 저항을 하고 응전을 했다면, 국제법 위반이요, 영토침략행위를 피할 수 없을 것이기 때문이다.

우선 SCAPIN No.677(1946.1.29)에 의한 카이로 선언조건집행조치(포츠담선언(8)항)위반이요, 샌프란시스코 강화조약 제19조(d)항 및 UN헌장 제 107조(소위 적국조항)를 위반 게 될 것이기 때문이다.

제4장 국제법상 독도가 한국영토란 제(諸) 거증문서 고찰

1. 개요

 독도(獨島)가 역사적, 지리적 및 그 실효적 지배(jurisdiction)상 대한민국의 영토임은 재론을 요치 않으며, 국제법적으로도 그렇다. 여기서는 국제법적 제 증거를 검토해 보고자 한다. 도서 분규(island disputes)에 관한 몇가지 주요 국제재판 판례들(Minquiers and Ecrihos Islands Case, Palmas Island Case, Clipperton Island Case)을 살펴보아도, 한국의 독도만큼 명료한 국제법적 근거가 뚜렷한 경우를 찾아 볼 수는 없다 하겠다.

 국제재판상 최선의 증거는 문서적 증거이며, 그 중에서도 정부공문서나 공공기록임을, 사계의 권위자로 알려진 미국의 샌다이퍼 교수(Professor D. V. Sandifer)는 그의 역저[58]에서 강조하고 있다. 이런 견지에서, 독도와 관련된 국제기관의 문서적 조치 및 내외국 정부문서와 기타 공공자료들을 중심으로, 독도가 국제법상 엄연히 한국영토란 제 증거들을 살펴보고자 한다.

---

58) Durward V. Sandifer, Evidence Before International Tribunals(Charlottesville: University of Virginia Press,1975), p. 197(Importance of Documentary Evidence). p.208: "Generally speaking, an official document on a public record is the best evidence of the facts on rights it purport to record and is always admissible in international as it generally is in municipal proceedings."

2. 중요문서 고찰

가. 연합국최고사령관 훈령(SCAPIN)
No.677(1946.1.29) [59]

(1) 스카핀 제677호(1946.1.29)의 주요 내용
㈎ 제목
일본으로부터 일정한 외곽지역을 통치적 및 행정적분리 (Governmental and Administrative Separation of Certain Outlying Areas from Japan)

㈏ 일본으로부터 "독도" 분리조치
 동 훈령 3항(일본의 정의)에서, "...독도를 일본범위에서 제외한다"("excluding ... Liancourt Rocks(Take Island)"고, 명문으로 규정하고 있다. "Korea"는 동 훈령 4항에서 "일본으로부터의 제외"를 별도로 규정하고 있다. 즉, 일본범위에서 제외된 "독도"는 필연적으로 "Korea"에 포함됨을 의미한다.
 따라서 "Korea"는 일본의 주권회복(1952년)에 앞서서 1948. 8. 15 수립된 대한민국정부의 "영토"가 된 것이다. 동 정부는 수립 직후, 미국 및 중화민국 등 우방국들과 유엔총회에 의하여 승인을 받게 되었다. 만일, 일부 일본인들의 주장처럼, 스카핀 제677호(1946.1.29)에 의한 "독도와 Korea"의 일본으로부터의 제외조치가 "잠정적인" 것 이었다면, 어떻게 그런 잠정조치를 근거로 "대한민국"을 수립할 수 있으며, 우방국들 및 유엔총회에 의거 "합법적" 정부로서 승인을 받았었을 수

---

[59] SCAPIN은 The Supreme Commander For the Allied Powers Instruction 의 약자이며, 여기서 주의를 요하는 것은 "Powers'는 "군"이 아니라 "국가"를 의미하는 것이다.

제4장 국제법상 독도가 한국영토란 제 거증문서 고찰   67

있었던 것인가에 대한 합리적 및 국제법적 설명이 불가능 한 것이다.

. SCAPIN No. 677호 6항에 대한 일본의 아전인수식 해석 경계

동 6항: "본 지령(directive) 내의 어떤 것도 포츠담선언 (8)에 언급 된 소 도서들에 관한 최종적인 연합국결정의 표시로 추론(追論)되어서는 아니 된다"(Nothing in this directive shall be construed asan indication of Allied policy, relating to the ultimatedetermination of the minor islands mentioned to in Article 8 of the Potsdam Declaration).

즉, 이의 정확한 의미는 소 도서들의 결정에 관한 연합국의 추가 지정을 시달하는 지령이 장차 또 있을 런지도 모른다는 개연성을 표시한 것이다. 환언하면, 이번 지령이 초종적인 지령이 아닐 수 있음을 암시한 것이다. 그런데 이 취지를 일본인들 일부는, 마치 동 조항이 "독도제외 조치"를 "잠정적"으로 한다은 것처럼 아전인수식으로 잘 못 해석하고 있음을 지적치 아니 할수 없다. 양식 있는 한국인들은 이를 경계해야 마땅할 것이다.

《《참고》》 연합국을 대표하여, 미국대통령이 포츠담선언 및 일본의 항복문서(The Instrument of Surrender)의 집행상 평요조치를 취하도록 SCAP에게 시달한 지령(Basic Initial Post-Surrender Directive to the Supreme Commander for the Allied Powers for the Occupation and Control of Japan(3 Novem-ber 1945) 의 1부4(d): "You will take appropriate steps in Japan to effect the complete governmental andadministrative seperation from Japan (1)...,(2)...,(3)Korea, (4)..., (5)<u>Such</u>

other territories as may be specified in future
directive.

전기 미국대통령의 지령 중 밑줄 친 (5)항이 SCAPIN No.677(1946.1.29)의 (6)에 해당하므로, 동 (6)항 해석은 "소도서들의 결정에 관한 연합국의 추가 지정을 시달하는 지령이 장차 또 있을 런지도 모른다는 개연성을 표시한 것으로 해석되어야 대통령의 전기 지령(5)의 취지에 합당한 것이다. 결코 SCAPIN No.677에 의한 "독도"제외 조치를 "잠정적"인 것으로 해석할 수는 없는 것이다.

(2) "독도 제외조치"(일본 범위에서) 불변

스카펀 제677호(1946.1.29)에 의한 동 "독도제외 조치"는 그 조치 후 변경되거나 취소된 적이 없다. 일본은 동 "독도 제외조치"를 무효화시킬 의도로, 샌프란시스코 강화조약 제 6차 초안에, "일본은 ...Liancourt Rocks(Takeshima)를 포함 한다"("Japan comprises ...Liancourt Rocks(Takeshima)" 라는 조항을 반영코자 하였으나 주로 영 연방국가들의 반대로 실패하고 말았던 것이다. 만일, 동 "독도제외 조치"가 일본인들이 해석하려고 하는 것처럼, "잠정적인" 조치라고 한다면, 어찌하여 전기 제6차 초안에 "일본은 ...독도를 포함한다"는 조항을 일본 측이 설정하려고 했는지 그 의도를 이해할 수 없다 할 것이다.

《《참고》》 전기 6차 동 수정초안(일본은 ...독도를 포함 한다 등) 에 대한 영연방의 반대 취지 성명(1950년 스리랑카 개최 영연방회의).

나. 연합국의 구 일본영토 처리에 관한 합의서(The

Agreement Respecting the Disposition of Former Japanese Terrritories, 1950)

(1) 동 합의서 제3조
  본 합의서는 연합국들과 그 제휴국들이 일본과의 샌프란시스코 강화조약 초안 준비과정 중인, 1950년에 합의하였던 것이다. 동 합의서 제3조에, "한반도 와 독도"(Liancourt Rocks, Takeshima)를 완전한 주권상태 하에서, 대한민국(the Republic of Korea)에 이관하는 데 합의 한다 는 것을, 다음과 같이 명문으로 규정한 것이다:
"The Allied and Associated Powers agree that there shall be transferred in full sovereignty to the Republic of Korea all rights and titles to the Korean mainland territory and all offshore Korean islands, including Quelpart(Saishu To), the Nan How group(San To, or Korean Do) which forms port Hamilton Tonaikai), Dagelet Island(Utsuryo To, or Matsshima), Liancourt Rocks(Takeshima), and all other islands and islets to which Japan had acquired..."

(2) 독도 등의 "대한민국에 이관"(제3조) 규정의 중요성
  카이로선언(1943.12.1)에서, "적정한 경로를 통하여 'Korea'를 독립시킨다"는 미, 중, 영 수뇌의 합의에 따라서 'Korea 와 독도 등"은 스카핀 제677호(1046.1.29)에 의거, II.차 세계대전 즉후, 일본으로부터 통치적 및 행정적으로 완전히 분리 조치되어서 주한 미국군정하에 들어가게 되었다. 그후 한국 사람들에 의하여 1948. 8. 15에 하나의 주권독립국 가 인 "대한민국"이 한반도의 'Korea'에 수립되었다. 대한민국

이 수립된 2년 후가 되는 1950년에 연합국 등은 샌프란시스코 강화조약문 작성과정에서 상호 간에 "구 일본영토처리에 관한 연합국 및 그 제휴국가 간 합의서"를 작성했다. 동 합의서 제3조는 기히 'Korea'가 일본으로부터 통치적 및 행정적으로 분리된 후 하나의 주권 독립국인 대한민국이 그 'Korea'에 수립되어 있었기 때문에 그 국명을 명기한 것이다. 그 당시는 일본이 완전한 주권국가가 되지 못 했다. 만일 일부 일본인들의 주장대로 "독도 및 Korea"가 스카핀 제 677호(1946.1.29)에 의거 "잠정적으로" 일본에서 분리된 것이라면, 일본이 완전히 그 주권을 회복하기도 전에 어떻게 한국민들이 주권독립국가인 "대한민국"을 "독도 및 Korea"에 수립할 수 있었고, 그 수립 즉후 자유우방인 미국, 중화민국 및 비율빈 과 유엔으로부터 합법적인 국가로서 대한민국이 승인을 받을 수 있었겠는가를 국제법상 설명이 불가능 한 것이다. 특히, 샌프란시스코 강화조약 제2조 a항의 올 바른 해석을 위하여 는 전기 과정을 통하여 이미 성취된"Korea의 독립"을 동 조항은 기정사실로 취급하고 있다는 것을 간과해서는 아니 될 것이다.

(3) 국제사법재판소(ICJ)의 조약법에 관한 비엔나협약(제31조 및 제32조)인용 판시 사례(인도넨시아/말레이시아 도서 분규사건 ICJ판결[60], 2002.12.17)

조약준비작업 문건(the preparatory work of the Treaty)의 주요성: 국제사법재판소는 전기 판결개요에서, 조약해석은 무엇보다도 협정본문에 의거, 사용된 용어의 통상적 의미에 따라 성실히 해석해야 할 것이지만(동 비엔나 협약 제31조), 보충적 수단으로서 조약준비 작업문건의 해석에 의존할 수 있다는 것(동 협약 제32조)을 판시했다.

---

60) Case Concerning Sovereignty Over Pulau Litigan and Plau Sipadan, 17 Dec.2002. Indonesia and Malaysia Summary of the ICJ Judgement, Press Release 2002/39 bis, p.4

《참고》 판결문 발췌
" As a supplementary measure, recourse may be had to means of interpretation such as the preparatory work of the treaty and the circumstances of its conclusion."

이런 견지에서, 샌프란시스코 강화조약 제II장 영토(Territory) 제2조(a)61)의 한국의 독립승인 관련 조항 중, 일본 측에서 의도적으로 왜곡해석하려고 시도하는 어구인, "제주도, 거문도 및 울릉도를 포함하는 코리아"(Korea)는 마땅히 진기 비엔나 협약(제32조)에 따라 정당하게 해석해야 마땅한 것이다. 뿐만 아니라, "독도"는 울릉도의 속도(屬島)이기 때문에 국제법상 낙도의 경우, 그 모도의 소속 국에 귀속된다는 점에서도 "독도"가 대한민국의 영토라는 데는 하등의 의문이 있을 수 없음을 또한 강조하고자 한다.

다. 일본정부 최고기관(太政官)문서(1877.3.29)상 "독도"는 일본과 무관 확인의 중요성

일본정부 최고 기관인 태정관(현 총리급) 이와꾸라 도모미(岩倉具視)는 내무경 오구보 도시미찌(大久保利通) 앞 1877. 3.29자 정부 회신 공문서에서, "다케시마(竹島)외 1도(島)는 본방(本邦, 즉 일본) 과 관계없음을 심득(心得)할 것" 이라는 응답문을 시달했다. 이 일본정부 공문서는 "독도"가 한국령 임을 국제법상 가장 결정적으로 거증하고 있는 극히 중요한 문서인바 그 복사본(원본은 일본 정부문서보관 소 소장)은 다음과 같다.

---

61) Article 2(a): Japan, recognizing the independence of Korea, renounces all right, title and claim to Korea, including the island of Quelpart, Port Hamilton and Dagelet.

(1) 태정관(太政官) 문서

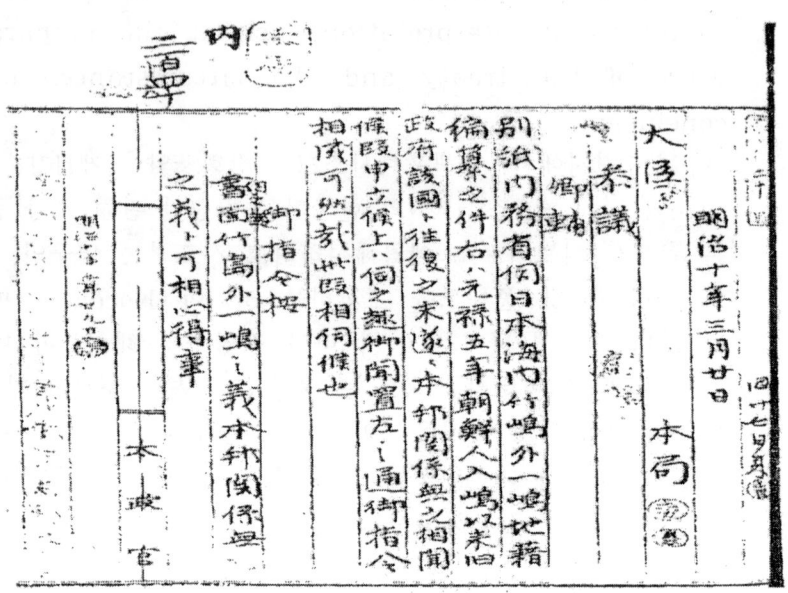

(2) 일본 태정관 문서의 중요성

㈎ 이 일본문서는 일본정부 스스로가 "다케시마 외 1도"(울릉도 와 독도)는 일본과 관계가 없다고 확인한 것으로서 국제법상 매우 중요한 거증능력을 가진다.

뿐만 아니라 "일본과 무관"한 이유로서, 일찍이 안용복(安龍福)이 1696년 2차도일(渡日)이래 조선국과 왕래하여 협의한 결과 일본과 무관한 것이란 그 사유를 명시하고 있다는 점에서, 즉, 관계국간 "독도"문제에 관한합의사실을 거증하고 있는 것이다. 국제법상 정부공문서 도 중요 거증능력을 갖지만, 국가 간 합의사항은 더욱 높은 거증능력이 인정되기 때문이다.

이러한 자국정부의 문서가 존재한다는 것을 모른다고 할 수 없는 일본정부와 일부 일본인들이 "독도"가 자국영토 라고 계속 주장한다면, 그런 주장들은 국제법상 논거를 떠나서, 엄연히 대한민국 영토인 "독도"에 대한 탐욕을 드러내고 있는 것이란 비판을 면할 수 없게 될 것이다. 이는 일찍이 변영태 외무부장관이 발표한 1954.10.28자 "독도"관련 성명서에서 지적하였던 우려를 낳게 한다할 것이다. 즉, 그는 "일본이 독도 탈취를 꾀하는 것은 한국 재침략을 의미하는 것이다"고 경고 했던 것이다. 우리는 영토수호 차원에서 "독도"문제를 단호하게 대응하지 않으면 아니 될 것이다.

(나) 요시다 쇼인(吉田松蔭)의 "다케시마" 진출 주장

태정관의 "다케시마 외 1도는 일본과 관계없음..."이란 지시를 내무성에 시달할 당시 일본정부는 소위 명치유신 정부로서, 그 정신적 지주는 사무라이의 스승 요시다 쇼인 이었다.

당시 많은 일본 지도저들이 그의 사상을 추종했고, 그 지도자들 중에는 수명의 그의 제자들이 있었다. 그 대표적 인물이 정한론(征韓論)을 부르짖었던 사이고 다까모리(西鄕高盛)이였던 것이다. 요시다 의 핵심사상은 막부정권을 없애고, 일본은 "천황중심"으로 뭉쳐서 국방을 튼튼히 한 후, 조선 및 대륙으로 진출하지 않고는, 일본이 상아 남을 수 없으며62), 그 대륙진출의 첫 발판은 바로 "다케시마"(그 당시는 울릉도 지칭)63)가 된다고 강조 했던 것이다. 이 처럼 중요시되어 온 "다케시마"(울

---

62) W.G. Beasley, Modern History of Japan(New york, Washington:: Praeger Publishers, 1974), p. 160:
 "...there were still some, like Yoshida Shoin, who had thought survival impossible without a continental foothold. A number of the Meiji leaders, several of them Yoshida's students, shared this view. They wete strengthened in it by the activities of Saigo Takamori."
63) Heinrich Dumoulin, 吉田松蔭-明治維新의 精神的 起源-(東京: 東中野修道 編譯, 1974), p. 56: 일본 명치유신의 정신적 지도자 요시다 쇼인은 "조선, 만주에 진출하려면, 다케시마(竹島)가 그 첫 발판 이다"고 하였다.
참고: 그 당시 "다케시마"는 일본인들이 "울릉도"를 지칭했고, "독도"는 "맛시마"라고 했다.

릉도)외 1도(島)"가 일본과 관계가 없다 고, 일본 명치정부 스스로가 결정을 내리는 데는, 그 만큼 신중한 관계자료 검토가 있었다고 봄이 타당할 것이다.

따라서 "독도"가 자국령 이라고 주장하는 일부 일본인들은 우선 이 일본 태정관문서에 대한 합리적 해명을 해야 할 국제법적 부담을 피할 수 없는 것이다. 더구나 동 태정관 문서에 첨부되었던 자료 중에는 "기죽도 약도"가 포함되어 있으며, 동 지도상에는 "다케시마"(울릉도) 와 "마쓰시마"(독도)의 2섬이 정확하게 그려져 있는 복사본(전 수도권 대기관리청장 선우영진 박사가 일본 정부문서보관소에서 근래 발굴)이 2006.9.14 국내 지하철 신문 및 일간지에 대대적으로 보도된 바 있었음에 비추어 소위 "다케시마 외 1도"가 "독도"를 지칭한다는 것이 백일하에 들어 난 것이기 때문이다.

라. 연합국과 일본 간 강화조약(샌프란시스코, 1951.9.8.)

동 조약 II장(Territory) 제2조(a)는 "일본은 코리아의 독립을 승인하며, 제주도, 거문도 및 울릉도를 포함한 코리아 에 대한 권리, 소유권 및 청구를 포기 한다"고 규정하고 있다.

일부 일본인들은 동 조항에서 "독도"가 생략되어 있기 때문에 독도는 일본 땅이란 비약적 해석을 하고 있다. 따라서 동 조항에 관한 구체적 고찰이 필요하다고 본다.

우선, 동 조항의 "Korea"에서 누락된 것은 "독도" 뿐만이 아니라 "한반도"와 "4,195개의 섬"이 표기상 누락되어 있다. "Korea"의 전체 섬수는 4,198개[64] 이기 때문이다.

따라서 일부 일본인들의 방식대로 동 조항의 누락된 부분이 "일본 땅" 이라고 해석한다면, "한반도"와 "4,195개의 섬"이 누

---

[64] 해양수산부, 바다는 왜 파란가?(1998), p.174: 우리나라 전 도서수: 4,198도서. 남한-3,153도서. 북한-1,045도서.

락되어 있는데, 이 누락된 부분이 모두 "일본 땅" 이라는 논리인가? 참으로 어불성설(語不成說)이라 아니 할 수 없다.

(1) 동 강화조약 전문(前文) 등

　어떤 조약을 해서함에 있어서는, 우선 동 조약의 전문이나 목적을 보아야한다. 그럼으로, 다음에서 이를 살펴보고자 한다.
　동 전문(요약) : "연합구과 일본은 금후 그들의 관계를 동등한 주권자로서 공동복지를 증진하고 국제평화와 안보 유지를 위하여 우호적 제휴하에서, 협력하는 국가 들 간의 관계가 될 것임을 결심한 까닭으로 하여, 양자간 전쟁상태의 존재 결과로서 아직 미결되어 있는 문제 들을 해결 할 평화협정체결을 요망하여…본 평화협정체결을 결심하였다." (…and are, therefore, desirous of concluding a treaty of peace which will settle questions till outstanding as a result of the existence of a state of war between them.)

　① 여기서 특히 관심을 가지고 보아야 할 어구는 "아직 미결되어 있는 문제들을 해결할 하나의 평화협정"(a treaty of peace which will settle questions till outstanding)에 담겨있는 뜻을 새겨 볼 필요가 있다는 것이다. 그 것은 일본이 무조건 항복한 후, 동 강화조약체결 시 까지, 즉 "포츠담선언, 일본항복문서 및 일본항복 후 연합국최고사령관(SCAP)에 시달된 처음 지령(1945.11.3) 등에 따라, 연합국을 대리하여 일본의 주권을 실질적으로 행사하였던, 연합국최고사령관 (SCAP)이 일본항복조건 실제집행을 위하여 적당하다고 판단하여 취한 기존의 여러 조치들 ("SCAPIN No.677 ,1946.1. 29자 에 의거 "독도 와 코리아" 등을 일본의 범위에서, "통치적 및 행정적으로 완전히 분리 조치했던 것들을 포함하여) 을 전제로 하여 아직 미결되어 있는 제 문제들을 지칭 한다고 말할 수 있는 것이다. 물론 스캎핀에 의거 기 조치된 사항들 중에는 강화협정에 의거 재확인되는 사항도 있을 수 있을 것이다.

② 동 강화협정 제19조(d)65) 은 이런 재확인 조치 등을 함축하고 있다 할 것이다.

(2) 동 강화조약 준비작업상의 문건(the Preparatory Work of the Treaty)

연합국의 구 일본영토처리에 관한 합의서(Agreement Respectingthe Disposition of Former Japanese Territories, 1950)는 조약법에 관한 비엔나 협약 제32조(Supplementary Means of Interpretation)d에서 규정하고 있는 그런 준비작업 문건이므로, 이 문건에 따라서 "독도"는 마땅히 "한국령"으로 해석 되는 것이다. 왜냐면, "독도"(Liancourt Rocks, Takeshima)는 전기 "연합국간 구 일본영토처리 합의서,1950"에 의거 이미 "대한민국"에 이관하기로 합의66)한 바 있었기 때문이다.

마. 기타

(1) 낙도 귀속 문제 상 속도론(屬島論, the principle of contiguity)

본토에서 멀리 떨어져 있는 낙도의 경우, 그 부속도서의 위속문제를 다룸에 이어서는 국제관습법 상 소위 속도론이 적용될 수 있다. 따라서 동 속도론 원칙에 따라서 보더라도, "독도"는 울릉도의 부속도서으로서 울릉도의 국적을 따르는 것이 당

---

65) Article 19(d): Japan recognizes the validity of all acts and omissions done during the period of occupation under or in consequence of directives of the occupation authorities ..."

66) Article 3: "The Allied and Associated Powers agree that there shall be transferred in full sovereignty to the Republic of Korea all rights and titles to the Korean Mainland territory and all offshore Korean islands, including Quelpart(Saishu To), Nan Hou Group(Santo or Komundo) which forms Port Hamilton(Tonaikai, Dagelet Island(Utsryo To or Matsshima), Liancourt Rocks(Takeshima), and all other islands and islets..."

연한 것이다. 국제관습법 상속도론 의 원칙이란. 낙도에 있어서 그 부속도서의 소속은 모도(본도)의 국적에 따른다는 원칙으로서, 이 원칙은 일찍이 미국과 네덜랜드 간 팔마스 섬 분규사건(Palmas Island Case)에서 동 중재 재판관후버 판사(Judge Max Huber)도 인정했던 것67) 이다.

이상에서 살펴 본 바와 같이, "독도"가 역사적으로는 말 할 것도 없고, 국제법적으로도 명백히 대한민국의 영토라는 것은 재론을 요치 않는 것이다.

그럼에도 부구하고, 일본인들이 "독도" 자국령을 주장하는 것은 논리상의 문제를 벗어나, 일종의 "탐욕"(카이로 선언에서도 미,영,중 수뇌이 지적했던 "greed"외에 달리 설명할 도리가 없으며, 한국인들의 국토수호의지를 시험(test)하고 있는지도 몰을 일이다.

(2) 고종황제 칙령 제41호(1900.10.25)

대한제국 정부는 광무 4년(1900년) 10월 29일(토요일). "鬱陵島로 개칭하고, 島監을 郡守로 개정한 건"을 칙령 제41호로 동년 10 27일 관보(관보) 제1716호로 선포하였다.

이 칙령은 부분적 정부조직 개편 지령으로서, 동 내용은 6개조 로 구성 되 어 있었다. 특히, 동 제2조는 "군청의 위치를 " 대하동"으로 정하고, 그 관할구역을 "鬱陵全島와 竹島, 石島를 관할 할 사" 라고 명시하고 있다. 동 시행일자는 제6조에서 "본령은 반포일로부터 시행 할 사" 라 고 규정하고 있다.

이 칙령은 현대 국제법상 중앙정부에 의한 관할권 행사요건을 충족하고 있다. 동 칙령 상 "石島"는 "독도"의 또 다른 명칭임은

---

67) Mac Huber, the Island of Palmas(ora Miangas) Case(1928), Vol.22, American Journal of International Law, p.894: "As regards groups of island, it is possible that a group may under certain circumstances be regarded as in law a unit nad that the fate of the principal part may involve the rest."

재론을 요치 않는다. "돌"을 "음(音)을 택하면, "석"이 되고, "뜻"을 택하 면, "돌"의 사투리인 "독"이 되는 한국어법에 따른 것이며, 이러한 예는 전라도 및 경상도 도서지역 명칭에서 흔히 찾아 볼 수 있다.

(3) 스카핀 제677호(1946.1.29)에 의거 "Korea" 및 "독도"가 통치적 및 행정적으로 "일본의 범위"로부터 완전히 배제를 가져 온 제(諸) 국제문서

(가) 맥아더 미 태평양사령관의 "조선 사람들에 대한 포고문"(1945.9.7).

맥아더 사령관은 1945.9.2 동경만 내의 미조리 함상에서 일본의 무조건 항복문서 조인식이 있은 지 5일 후에, "조선사람들에 대한 포고문(To the People of Korea)를 발표하였다. 동 포고문은 일본항복문서 상 조건에 의하여, 일본왕, 정부 및 일본최고사령부를 대리하여, 동 사령부가 이 포고문을 발행한다 는 것을 명시한 후, "당일 부로 한반도의 북위 38°선 이남을 승전군인 자기 휘하의 부대가 점령 한다"는 것을 선포하고 있다 동 포고문은 전문(前文)과 6개 조항으로 구성되어 있다.

동 전문에서, 동 점령목적이 "조선 사람들의 오랜 동안의 노예상태와 적당한 경로를 통하여 코리아는 자유, 독립시키기로 합의했던 그 결의"(카이로 선언 중 코리아 관계사항)을 마음속에 품고, 일본 항복조건(카이로 선언의 이행)을 집행하고, 조선사람 들의 개인적 및 종교적 권리보장을 명시" 하고 있다.("Having in mind the longenslavement of the people of Korea and the determination that in due course Korea shall become free and independent, the Korean peoples are assured that the purpose of the occupation is toenforce the instrument of surrender and to protect them in their personal and religious rights.")

㈏ 트루만 대통령(President Harris S. Truman)의 조선해방성명서 (1945.9.18)

미국 트루만대통령은 8.15 헤빙 w,rgmd;s 1945. 9. 18 코리아 의해방을 축하는 다음 성명서(필자 역)을 발표하였다.
"조선의 옛 수도 서울 내 일본군의 항복은 자유를 사랑하는 영웅적인 조선인들의 해방을 전한다. 일본군벌 하의 장기간 그리고 잔인한 그들의 압제 밑에도 불구하고 조선인들은 자기들의 민족적 자유과 자랑스러운 문화유산 에 대한 헌신을 활발히 하여 왔다. 그러한 압제는 이제 끝났다.
이 자유의 순간 우리들은 눈앞의 어려운 과업을 잊지 못 한다. 조선을 장유, 독립시키겠다고 합의 하였던, 미국, 중국, 영국 및 쏘련의 도움으로 이제 하나의 위대한 국가건설이 시작되었다. 조용한 아침의 땅에서 다시 펄럭이는 조선의 옛 태극기처럼 미국인들은 조선의 해방을 기뻐한다.
("The surrender of the Japanese forces in Seoul, ancient Korean capital, herald the liberation of afreedom-loving and heroic people. Despite their long and cruel subjection under the warlord of Japan, Koreans have kept alive theirdevotion to nation's liberty and to their proud cultural heritage. Thissubjection has now ended. In this moment of liberation, we aremindful of the difficult tasks which lie ahead. The building of agreat nation has now begun with the assistance of the United States, China, Great Britain and the Soviet Union, who are

agreed that Korea shall be free and independent. The American peoplerejoice in the liberation of Korea as the Taekuk=kee, the ancientflag of Korea, waves in land of Morning Calm.")

㈐ 주한 미군정청장 아놀드 장군의 행정명령 제19호 (1945.10.30)

〔Headquarters, United States Forces Army Forces in Kora, Office of the Military Governor, Seoul, Korea〕
미 군정청장 아놀드 장군(A.V. Arnold, Major General, U.S.Army)은 행정명령 제19호를 1945.10.30 발령했다. 동 행정명령은7개 부분으로 구성 되어있다. "제1부: 전국 비상선포"에서, 미군의 한반도 상륙목적을 다음과 같이 규정하고 있다.

: " …그들 미군들은 조선으로부터 모든 일본군 병력과 일본 민족주의적 이념을 완전하고 영원히 축출할 필요라는 공인된 묵적을 가지고 (한반도)에 왔다. 동 목적에 추가하여, 본 군사령부는 건전한 조선의 경제개발을 촉진시키고, 자유, 독립된 책임 있는 조선의 복구를 지향 한 엄무를 수행하기 위하여, 일본의 사호적, 경제적 및 재정적 통제로 부터 정치적 및 행정적으로 조선을 완전히 분리하기 위한 단계적 조치를 취하라는 (상부) 지시를 받았다."

동 성명은 스카핀 제677호(1946.1.29)가 발령되기 훨씬 앞서서, 1945 년 10월부터 조선을 일본으로부터 통치적 및 행정적으로 완전히 분리 하는 단계적 조치를 취하라는 상부지시를 받고 있음을 분명히 밝히고 있다.

이 행정명령으로 보더라도, 스카핀 제677호에 의한 "Korea 와 독도"의 일본범위로부터의 분리조치가 격코 "잠정적"인 것이 아니 다 는 것을 거증하고 있는 것이다.

앞서 설명한 바 있지만, 이러한 제반 성명 등의 구제문서들은 "조약법에 관한 비엔나 협약" 제32조에서 규정하고 있는 조약의 해석 상, 보충적 수단으로 의지할 수 있는 바로 그 좋은 준비과정상 또는 그 해석을 요하는 조문이 나오게 된 환경(circumstances)을 거증하는 중요 증빙자료가 된다할 것이다.

(4) 스캎(SCAP) 행정지역 지도(1946. 2월) 및 한국영공방어식별구역 지도

스캎(연합국최고사령관)은 동 관할 "행정지역지도: 일본 및 남한"(SCAP Administrative Areas: Japan and South Korea)를 1946년2월 발행했다.

그리고 "한국방공식별구역지도"는 극동지역 미 군사령부에서 작성된 것이며, 지금도 유효하다. 이 양 지도상 "독도"는 한국령에 속하여 있음을 보여 주고 있으며 다음과 같다.

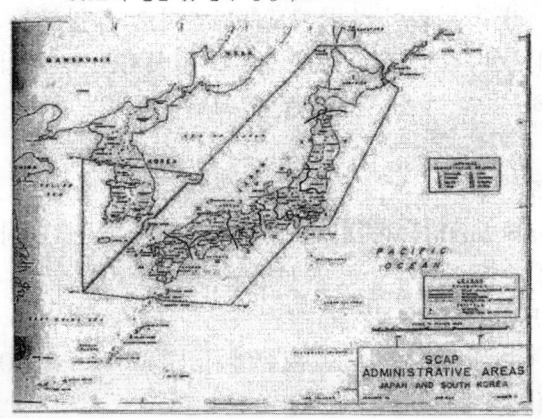

SCAP의 일본 및 한국 행정지도:

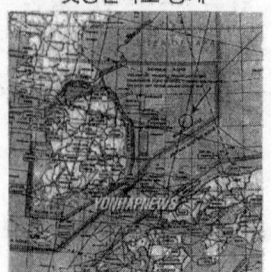

한국영공방어 식별구역 지도
"독도는 한국 방공식별구역 內"
美공군지도 공개

독도 상공이 한국의 방공식별구역 안에 있음을 보여주는 미국 공군 항법지도(1987년판). 화살표는 독도 상공./경희대 김 신 교수 소장/민족뉴스부 기사참조/사회 2006년 4월 27일(목)10:54 연합뉴스

(5) 기타

이 내용의 검토는 "독도"가 우리 영토라는 또 다른 측면에서의 국제법적 반증이 될 수 있는 것임으로 이를 간단히 살펴보고저 한다.

㈎ 일본내각의 "독도"영토편입 결정(1905)

① 일본 도근현 거주 나카이(中井養三郎)는 어로 독점권을 얻을 목적으로 1904년에 리앙꼬르 섬(독도)을 일본영토로 편입하여, 자기에게 대여하 여줄 것을 일본정부에 청원하였다.

② 일본정부는 도근현의 의견을 청취한 다음, 1905년 1월 28일 리앙꼬르 섬(Liancourt Rocks, 독도)을 무주지란 취급 하에 "일본영토로 편입할 것"을 내각이 결정하였다. 동시에 그 도서 명칭은 "다케시마"(竹島)로 하여 은기도사(隱畿島司)의 관할 하에 둔다고 고시하였다.(참고: 독도문 제, 예산정책 참고자료 96-03, 국회사무처, 1996(허태수 서기관 작성)

㈏ 이 일본내각 조치의 국제법상 문제점(독도 영토 편입 결정)

① "다케시마"(독도)는 무주지 가 아니라, 1699년 당시 조선과 일본간 외교교섭 결과 조선영토로 양국 합의에 의해 확정된 영토다.

② 일본정부 최고기관(太政官)이 1877년 3월 29일자 공문으로 "다케시마 외 1도"(독도)는 일본과 관계가 없다 고 내무성에 기히 시달했던 그 내용과 그 후 1905년에 와서 일본내각이 "독도"를 무주지로 간주하여 일본영토 로 편입 할 것을 결정한 것은 정면으로 배치된다. 그 전 조치 와 배치되는 이러한 일본내각의 조치는 국제법상 소위 "이스토 펠"(Estoppel)원칙에 저촉되는 것으로서 당연히 효력이 인정되지 못한다.

특히, 아래 일본 태정관 문서에 첨부된 "기죽도 약도" 제하의 지도는 "울릉도"(당시 일본인들 호칭竹島) 와 "독도"(松島) 를 분명하게 구분하여 정확한 동해상의 위치에 그리고 있다. 이는 태정관 문서중 "죽도 외 1도"가 "독도"임을 태정관이 인식하고 있었음을 극명하게 거증하는 것으로서 대단히 중요한 증거 자료이다. 일본 측은 이제 동 지도에 대한 명확한 답변을 하지 않으면 아니 되는 국제법상 처지에 있음을 지적하지 아니 할 수 없다.

* 일본 태정관 문서에 첨부된 "독도"가 명시된 지도(2007년 발견)

[지도5] 日정부문서 발견

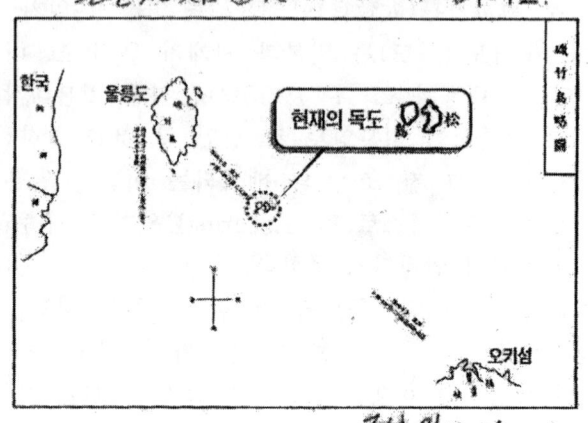

③ 국제법상 "무주지"의 고시는 "중앙정부"기능에 속하며, 독자적 외교권이 없는 "지방현"은 그런 기능이 인정되지 못한다. 따라서 도근현의 동 고시(제40호)에 의한 무주지 영토편입 조치는 국제법상 인정되지 못한다.(참고: Thomas Buergenthal, Harold G. Majer, PublicInternational Law, 2nd Ed.(St. Paul, MN: West Group, 1990), p.2).

④ 국제법상 토지에 대한 실효적 지배의 중요성
독도는 역사적으로 서기 512년 신라 지증왕 13년 이래 우리나라 땅이며, 고려, 조선조를 거쳐 오늘날 대한민국의 영토일 뿐만 아니라 국제법 상도 우리가 실효적 지배를 하고 있는 우리나라 영토이다. 이와 같이 완벽한 영유권 보유의 경우가 아니고 다소 다툼이 있는 경우가 될지라도,영토분규에 있어서 그 실효적 지배가 50년만 유지되면, 국제법상 그 영토에 대한 새로운 권원형성이 가능하게 된다고 볼 수 있게 되는 것이다. 이와 관련하여 저명

한 영국인 제이 에이 브라이어리(J.A.Brierly) 교수의 다음과 같은 언급은 매우 중요한 시사점을 던져 준다고 할 것이다:

"Adverse holding or prescription during a period of fifty years shall make a good title".(J.L.Briely, The Law of Nations, 6th Ed. p.170).

지금까지 위에서 살펴 본 바와 같이, 독도는 역사적, 지리적 및 실효적 지배 상은 말 할 것도 없고, 국제법상도 엄연히 대한민국의 영토인것이다.

유엔헌장 제107조 규정상 SCAPIN No.677에 의한 "독도"일본에서 제외조치 유효.

(요 지)

1) 현 유엔헌장의 어떠한 것도, Ⅱ차 세계대전 중 현 헌장의 서명국이 적으로 있었던 것과 관련하여 그 전쟁결과로서 조치를 취할만한 직분을 가지고 있는 정부들이 취했거나 승인했던 조치들(actions)을 무효화 시키거나 배제하지 아니한다.

2) (동조 해설) 유엔헌장(제107조)의 이 예외범위에 들어가는, 연합국들에 의하여 체결된 협정들에는, 얄타 및 포츠담 선언 합의사항, 배상협정(각기 포기 포함) 및 패전국들과 승전구들 간 평화협정을 포함한다. 제107조는 다음의 경우에 있어서, 헌장의 의무로부터 책임을 져야 할 정부들을 면제 시킨다.[68] 전쟁결과와 관

---

[68] Bruno Simma(Edited), The Charter of the United Nations(A Commentary), Second Edition, Vol. Ⅱ), 9oxford University Press,2002), p. 1334. :"Agreements concluded by the Allies that fall within the scope of this exception of the Charter include those of Yalta and Potsdam, the reparations arrangements (including the respective waivers), and the peace treaties between enemy States and the victorious powers. Art. 107 exe,[ted 섣 responsible governments from the obligations of the Charter in the following cases: treaty arrangements concerning the results of the war. authoritativeactions such as the occupation of enemy territory, debellatio; the detachment

련된 조약체결; 적국점령, the debellatio; 제77조(1),(b)의 적국영토분리(detachment); 점령권력의 행사(exercise of occupational powers), 연합국이 입법한 점령법 에 의한 행정 포함) 및 군사기지 설치. 등은 동 제107조에 의거 지금도 계속 유효하다.69)

3. 결어

이상에서 살펴 본 바와 같이, 독도가 대한민국의 영토라는 것을 거증하는 국제법상 증거가 되는 문서 등 자료는 많고 또 다양하다. 이와는 달리 일본이 "독도가 자국령" 이라고 주장하는 역사적 증거는 말 할 것도 없이 국제법적 증거는 전무하다. 그들 일부 일본인들이 주장하는 소위 "1905년 동해상 무주도를 일본영토로 편입조치 했다 운운" 의 주장은, 앞에서 이미 살펴 본바와 같이, 그에 앞서 일본정부 최고위직 태정관(太政官)이 공식 문서(1877.3.29) 에 의거 "독도"가 일본과 무관하다 (즉 '조선땅'임을 함축)는 것을 내무성에 시달한 내용과 상치되므로, 국제법상 이스토펠 원칙(the principle of estoppel)에

---

of enemy territory in the sense of Art. 77(1)(b)' the exercise of occupation power, including the administration of occupation law enacted by the Allies; and the establishment military basis."

69) Ibid.. p-1332: "III. The Continuing Effect of Pre-admission Actions. What is necessary, however, is a clarification regarding thise measure taken or authorized as a result of the Second World War before the admission of the enemy States. Article 107 remains applicable for these measures, because they continue to have effect and their validity was not affected by the admission of the former enemy States.. Because of these continuing effects, Art. 107 has remained a certain legal

significance with regard to the decisions and the Allied directives concerning Germany as a whole

because of the U.N. has nor jurisdiction over these earlier measures. They were not invalidated by

the Charter.

저촉되어, 그런 주장은 효력이 없는 것이다.

　따라서, 독도에 관한 한.일간 문제는 법리상의 문제라 기 보다는, 일본의 "독도"에 대한 "탐욕"(greed)의 문제라 할 것이다. 그러나 우리는 일본인들이 그 탐욕을 버리지 아니 하는 한 조금도 경계심을 늦추어서는 아니 된다. 아무리 국제법상 독도가 대한민국의 영토라는 여러 증거가 있다손 치더라도. 국제법상 양자 간 합의는 다른 법을 우선하기 때문이다(Modus et conventio vincunt legem). 우리한국인들은 합심 단결하여 어떠한 일부 일본인들의 책동에도 현혹됨이 없이 독도주권수호를 위한 단호한 결의를 유지함과 동시에 그들 일본인들의 행태에 경계심을 늦추어서는 아니 될 것이다.

제5장 독도의용수비대의 발포와 국제법상 자위권(Right of Self-defence) 고찰 및 그 성과

1. 독도의용수비대의 발포(Firing)

독도(Dokdo Islets)는 울릉도의 속도(屬島)이다. 국제관습법 상 낙도(落島)의 도서들 간 국적취득 관계에 있어서 속도는 모도(母島)의 국적에 따른다.[70] 울릉도 주민이기도 한 홍순칠 대장은 자기 집 안방문을 열면, 청명한 날에는 안방에서 "독도"가 보인다고 기록하고 있다.[71] 울릉도 남쪽지방 거주민들 대부분은 일상생활 중 문득 울릉도에서 청명한 날에는 육안으로 독도를 보고 일상생활을 하는 사람들이다. 환언하면, 독도어민들에 있어서, 독도는 앞마당이요, 문전옥답(文前玉畓)과 같은 의식 속에서 일상생활을 영위하고 있다 할 것이다. 이러한 의식은 지금 울릉도거주민 만의 것은 아니고, 일찍이(1882) 울릉도 개척민으로 왔던 그들 조상들도 그랬을 것이다. 그 외에도 모든 한국 사람들은 울릉도에서 실제로 독도를 육안으로 보

---

70) Max Huber, Arbitral Award Respecting Sovereignty Over the Island of Palmas(or Miangas), April 4, 1928(The American Journal of International Law), p.894:"As regards groups of islands, it is possible that a group under certain circumstances be regarded as in law a unit and that the fate of the principal may involve the rest."

71) 홍순칠, 전게서 각주 1), p.185.

았던지, 보지 못 했던지 간에 견문이나 문헌72) 등을 통하여 독도가 한국영토임을 다 알고 있는 것이다.

특히, 홍순칠 대장의 경우, 조실부모하여, 울릉도 개척 1세대 주민 이였으며, 향토애가 매우 강하였던 조부(洪在現 翁)의 손으로 양육되어지는 과정에서 조부로부터 옛 독도개척에 얽힌 비화 등을 듣고 자랐기 때문에 독도에 대한 남다른 애착을 가지고 있다할 것이다. 예를 들면 홍순칠 대장은 그의 수기에서 어릴 때 할아버지가 들려주신 이야기73)를 다음과 같이 기록하고 있다:

"매일 산에서 칡을 캐고 바다에서 소라, 생복, 문어 등과 미역, 해초를 따다 생명을 유지하면서 울릉도와 강원도 간을 횡단 할 수 있는 배를 만들기 시작하셨다.
그러는 동안 하루는 높은 산에 오르게 되었는데 먼 동쪽 바다에서 또 하나의 섬을 발견하였다.
일찍이 읽은 바 있는 세종실록(世宗實錄) 및 동국여지승람(東國輿地勝覽) 등 고서에서 밝힌 우산도(于山島)임을 짐작케 되었고...
마침내 배가 완성되었고, 1897년 6월에 할아버지께서는 독도 길에 오르게 되었으며 그 때 울릉도에서 향나무 한 그루를 가져가서 지금의 독도 동도에 심으셨다.
울릉도에 돌아올 때는 바다사자 세 마리를 잡아와서 울릉도 주민에게 골고루 나누어 주고, 칡과 소라나 생복만으로 연명하던 주민들에게 지방질을 공급하게 된 것을 퍽 기뻐하시며 이후로는 지방질로 독도에서 얻어야겠다고 마음먹게 되었다."

어릴 때부터, 이런 이야기를 할아버지로부터 듣고 자란 홍순

---

72) 世宗實錄 地理誌(蔚珍縣條), 서기 1454년 편찬:"于山武陵二島在縣 正東海中 二島 相距不遠 風日淸明卽可望見
新羅時稱 于山國 一云 鬱陵島(우산과 무능 두섬이 현의 정동방향 바다 가운데 있다. 두 섬이 상회 거리가 멀이지 아니하여 청명한 날에는 육안으로 볼 수 있다. 신라시대 때 우산국 이라 불렀다. 일설에는 우산국 이라고도 한다.
73) 홍순칠, 전게서 각주 13), pp.13-14.

제5장 독도의용수비대의 발포와 국제법상 자위권 고찰 및 그 성과

칠 대장이나 기타 울릉도 출신 청년들로서 어릴 때부터 울릉도 개척시대 독도이야기를 듣고, 독도를 육안으로 보고 또 그 땅이 우리 땅이라는 인식하에 성장해 온 제반사정에 비추어서 볼 때, 독도에 대한 일본의 침범은 곧 조상대대로 내려 온 문전옥답에 대한 침범으로 여겨지지 않을 수 없을 것이다. 특히 6.25 한반도 전쟁에서 혁혁한 무공을 세우고, 명예제대 또는 상이군인으로 제대되어 고향땅 울릉도에 돌아와 있던 용사들에게, 고기를 잡을 여고 독도에 갔던 울릉도 어민들이 불법적으로 독도에 침입하여 독도가 일본 땅이란 표지목을 세워 놓고 도리어 우리 어민들에게 고기를 잡지 못 하게하여 되돌아 온 것을 일찍이 보았던 기억을 가지고 있는 그들 독도주둔 우리의용수비대원들의 눈엔, 독도를 불법침범해온 자기 눈앞의 일본순시선은 바로 내 고장 침략자로 보였을 것이며, "발포"(firing) 외에는 다른 대응방안을 떠올릴 여유가 없었을 것이다. 홍순칠 대장은 그의 수기에서, 독도불법침입 일본순시선에 대한 독도의용수비대의 대응 근본취지에 관하여 다음과 같이 기록하고 있다:74)

"우리 영토는 말할 것조차 없고, 섬사람들의 문전옥답인 독도는 우리 생활의 민토이이기에 전쟁의 상처가 아물기 전 전선에서 구사일생으로 귀환한 울릉도 출신 향군들은 다시 군번 없는 의병으로 독도의용수비대란 무장단체를 만들어 독도에 나아가 침략자 일본과 과함히 싸웠던 것이다."

그렇다면, "발포"는 어떠한 성격을 지니고 있는 것일까? 그것은 여러 가지로 해석될 수 있을 것이다. 필자는 독도의용수비대의 독도불법침입 일본순시선에 대한 독도의용수비대의 발포(firing)를 국제법상 자위권(right of self-defence)이라고 본다. 이 자위권은 주권독립국가가 가지는 독자적 권리이며, 그

---
74) 홍순칠, 전게서, 각주 1), pp.242-43.

국민은 외부의 불법적 자국영토침입에 대하여 긴급한 상황 하에서 주권재민(主權在民)의 민주국가 기본원리상 우선 국가를 대리하여 그 자위권을 행사함은 지당한 것이며, 또한 국민의 의무이기도 하다고 할 것이다.

2. 국제법상 자위권과 독도의용수비대의 "발포" (Firing) 고찰

가. 자위권의 의의

자위(自衛, Selfe-defence)란 주권독립국가에 적용되는 하나의 원칙(a principle)으로서 개인에 못지않게 국가에도 적용된다. 이 원칙의 법적개념은 분명하지만, 그 적용에 있어서는 난제가 되는 경우가 있다. 19c에 이 자위원칙이 너무 확대 적용 되어서 자체의 보전(Self-preservation)을 뒷받침 하려는 경향도 있었으나, 이는 자위권과는 구별된다.75)

"자위"란 적합하게 이해 해보면, 그것은 엄정하게 한정된 하나의 권리이며, 그 행사조건에 관한 최선의 언급은 1837년의 기선 "캐로라인"호(the steamer Caroline)사건 속에서 발견된다고 일반적으로 생각하고 있다.76) 또한, 류병화(柳炳華)교수는 "정당방위(Self-defence)는 불법행위의 주체가 피해자의 불법해위에 대응하여 즉각적으로, 부득이 대응한 경우이다. 그 차체로서는 국제법규에 저촉되지만, 상대방의 불법해위에 비래하여 부득이 취한 대응 조치란 점에서 불법성이 성립하지 않는다. 1878년 "Virginus 사건", 1837년 "Caroline 사건" 등 몇몇 중재재판에서 이 원칙을 인정하였다."77) 고 그의 역저에서

---

75) 金明基, 國際法原論(상)(서울:박영사,1996).p.201.
76) J.L. Brierly, Law of Nations,(Oxford : The Clarendon Press, 1976), p.405.
77) 柳炳華,國際法 II,(서울:진성사, 1996), p.433.

설파하고 있다. 여기에서 "자위권"행사의 대표적 사례로 알려진 기선 "Caroline"호 사건 경위를 간단히 살펴보기로 한다.

 : 기선 "캐로라인(the Steamer Caroline)"사건은 카나다 내 반란사건 때 동 기선이 미국영토로부터 "나이아라 강(the Niagara river)"을 가로 질러서 카나다 만(灣)으로 인력과 물자를 운송하는데 사용되었다. 미국정부는 이런 운송을 제지하기 불가능하거나, 그럴 의도 없는 것처럼 보였다. 이런 여건에서 카나다 내의 한 의용군 또는 무장단체(militia)가 "나이아라"강을 건너 와서, 난투극 끝에 상당수의 미국시민이 살해되었고, 기선 :"카로라인"호는 "나이아가라"폭포 위로 흘러 보내졌던 것이다."

이 사건에 따른 논란에서, 미국 측은 그런 행위를 정당화 할 만 한 여건이 되었다는 것을 부정하지 아니 했고, 영국은 극도의 긴급 상황을 제시 할 필요성이 있다는 것을 수용하였다. 다만, 한가지네 영,미 양국은 의견 차이를 보였던 것이니, 그것은 그런 사실들이 예외적인 자위원칙(exceptional principle of self-defence)의 한계 내에 들어오는 것인지, 그 여부에 관한 것이었다. 당시 미 국무장관 단이엘 웹스터(Daniel Webster)는 자위(self- defence)권 행사형성 요건을 다음과 같이 제시 하였는바, 이것이 국제적으로 보편적인 수긍을 받게 된 것이다. 즉, "이는 다른 대안도 없고 생각할 틈도 없는 긴급하고, 압도적인 자위권의 필요성이 제시 되어야한다; 그리고 더 나아가서 그 자위권의 필요성에 의하여 정당화된 당해 조치는 반드시 그 범위 내에 분명하게 유지되어야하기 때문에, 불합리하거나 과잉되는 일이 내포되어서는 아니 된다."[78]

---

[78] J. L. Brierly, op. cit., Supra Note 5), p. 406: " There must be shown, he said, 'a necessity of self-defence, instant, overwhelming, leaving no choice of means and no moment for deliberation'; and, further, the

이 원칙은 II차 세계대전 후, 뉴렌벨크 및 도쿄전범재판(Nuremberg and Tokyo War Crimes Tribunals)에서도 자위권의 적절한 한계로서 명시적으로 보증 받았다. 한 가지 참고로 할 것은, 때로는 사건의 성질상 각국은 스스로 자위권의 필요성이 발생했는지 여부를 결정 할 능력이 있다는 말을 하면서 자위권행사 필요성결정에 있어서는 국가가 그 결정의 유일한 판사가 된다고 하는 주장이 전기 전범재판에서 수용되지 못 했다는 것이다.

나. 독도의용수비대의 자위권행사 고찰

"독도"는 역사적, 지리적 및 실효적 지배(jurisdiction) 상뿐만 아니라 국제법상 대한민국의 영토라는 것은 III장에서 이미 검토한 바 있다. 독도의용수비대가 3년 8개월 동안 주둔한 것과 그 주둔기간 동안 수차에 걸쳐서, 독도불법침입 일본순시선에 대하여 발포(firing)를 통하여, 동 불법침입 일본순시선을 독도영해 밖으로 추방한 것은 우선 "독도"가 대한민국의 영토임을 전제로 이미 영토주권이 침범당한 상태 하의 긴급한 여건에서 응급조치로서의 자위권 발동이라 할 것이다.

이미 앞에서 살펴 본 바와 같이, 국제법상 자위권(the right of self-defence) 발동이고 자위권으로서 취한 당해 조치가 (3)긴급성과 그 압도적 조치필요성의 한계 내에 있어야 한다는 것으로 요약될 수 있을 것이다.

(1) 긴급성(instant)

독도의용수비대의 자위권행사 중 "긴급성"은 우선 "독도주둔" 자체 도 광의로는 포함되어야 마땅할 것이다. 6.25 한반도전쟁

---

acton taken must involve 'nothing unreasonable or excessive, since the act justified by the necessity of self-defence must be limited by that necessity and kept clearly within it.'"

으로 대 한민국정부가 북방전선에 온 힘을 다 경주하고 있는 비상시국에 미쳐 동해의 동남방향에 위치하고 있는 낙도인 "독도"에 손을 쓸 수 없는 여건에서, 일부 일본인들이 불법으로 한국영토인 "독도" 침입하였을 뿐만 아니라 그 곳에 "일본영토표지 말뚝"을 세우고 우리 울릉도어민들의 "독도"영해내 어업을 못 하게한 것은 영토침략행위로 보이는 "긴급"상황발생이라 할 것이다. 이러한 상황 하에서 독도의용수비대는 대한민국의 영토임과 동시에 울릉도민들에게는 문전옥답과 같은 "향토"인 "독도"를 우선 스스로 지키기 위하여 정부의 대응 조치에 앞서서[79] 그 향토의 민간인 젊은이들이스스로 일어나 의용수비대를 구성하고 무장하여 "독도"에 긴급 주둔 한 것이기 때문이다.

(2) 압도적(Overwhelming) 조치 필요성

역사적 및 국제법상 엄연히 대한민국의 영토인 "독도"영해 내에 불법 침입하여 들어와 있는 일본순시선을 퇴거시켜야하는 압도적 필요성은 일본순시선에 대한 발포(發砲)외에는 그 순간 다른 대안이 없었던 것이다. 불법침입한 일본의 무려 1,000톤급의 무장 순 시선에 대한 우리 독도의용수비대의 발포는 목숨을 걸지 아니 하 고는 상상할 수도 없는[80] 긴급하고 압도적 필요에 의한 자위권 행사 이었던 것이다.

(3) 기급성과 압도적 조치한계 준수

독도의용수비대는 독도에 불법 침입한 일본순시선에 대하여 발포는 불가피하게 하였으나, 일단 퇴각하는 일본순시선에 대하여는 발포를 아니 했던 것이다. 그렇게 함으로써, 독도의용

---

79) 홍순칠, 전게서, 각주1) p. 106.
80) 전게서, p. 81:"(1954. 11.21 독도에서) 우리수비대는 결사적으로 싸워 격퇴 (일본 순시선을)시켰다. 이 싸움에서 필자는 죽기를 각오하고 용전을 지휘랄 때, 할아버지가 얘기해 주시던 러함(돈스코이 호)의 함장 이상으로 죽음을 멋있게 장식해보자고, 그 때의 일이 다시 생각난다."

수비대는 자 위권 발동에 관한 국제적 규범을 준수하였던 것이다.

3. 독도의용수비대 활약(독도주둔 및 발포 등)의 성과

일찍이 역사철학자 헤겔(George W. F. Hegel)은 그의 역저 역사철학(The Philosophy of History)[81] 에서 본원적 역사(Original History)를 설명하는 가운데, "그 역사가들의 주변 환경이 그들의 기술에 적합한 자료가 된다. 그 기술자는 그 자신이 하나의 행위자(an actor)로 있었던 그 관경(scenes) 이나, 여하튼간에 하나의 관심을 가진 관망자(spectator)가 되었던 그 광경을 기술한다.... 그의 목표는 그가 개인적으로 관망 또는 살아 숨 쉬는 것 같은 기술 덕으로 그 자신이 포착한 만큼 분명하게 사건들의 이미지를 후세에 전하려는 것 외에는 아무것도 없다"고 말했다. 홍순칠 대장도 자기 수기를 씀에 있어서 다음과 같이 "사실"[82]을 중시하고 있음을 내비쳤다: " 막상 필자가 독도를 지키는 의병장이었기 때문에 자기 자랑 같아 수다스럽게 얘기하고 싶지는 않으나, 우리의 독도가 우리의 손으로 지켜지고 이 주변에서 고기를 잡고 있는 것은 사실이요, 길이 이 땅을 보존해 서 국리민복(國利民福)에 이바지하는 민토(民土) 로서 이용해야 할 것이다."

홍순칠 대장의 수기나 기타 그의 기록물도 "사실"에 근거한

---

81) George Wilhelm Friedrich Hegel, Philosophy of History(Great Books of Western World, Robert Maynard Hutchins, Editor in Chief), (New York: Dover Publication, Inc.. 1956), p 2:"He describes scenes in which he himself has been an actor or at any rate an interested spectator....And his aim is nothing more than the presentation to posterity of an image of events as clear as that which he himself possessed in virtue of personal observation, or life-like description."
82) 홍순칠, 각주, 전게서 가주1), p.255.

기록임은 재론을 요치 않을 것이다. 아무런 대가를 전제로 하지 아니하고 목숨을 걸고 오직 국토수호만을 위한 독도주둔의 기록이기 때문이다. 또한, 그 기록물의 내용해석도 당해기록 대상이 되었던 그 당시의 용어내용 등 제반 여건을 기준으로 해석되어야 마땅할 것이다. 특히, "다큐멘터리 독도수비대"(獨島守備隊,金敎植 著) 나 "독도수비대 홍순칠 대장의 수기"(이 땅이 뉘 땅인데!) 등은 독도의용수비대의 창설, 독도주둔 및 그 활약상 등에 관한 생생한 역사적 기록물 이란 점에서, 실제로 그 어려운 시기에 독도에 장기간 주둔하지 아니하고는 다른 누구도 기록할 수 없는 극히 귀중한 자료라 평가하지 아니할 수 없는 것이다.

따라서, 그 해석에 있어서도 마찬가지로 기록 당시의 당해사건에 관한 용어의 의미를 혹 벗어나는 해석은 삼가 해야 마땅할 것이다. 용어의 의미내용은 시간의 흐름 및 그 사회 환경의 변화 및 일상생활의 관습변화에 따라 변화한다는 사실을 결코 간과해서는 아니 될 것이다. 국제간 조약의 해석에 있어서도 당해 목적과 지향하는바와 문맥에 따라서 조약에 사용된 당시의 용어에 주어진 통상적 의미로 성실히 해석해야함을 국제협약도 규정하고 있는 것이다.[83] 더욱이 우리들은 앞에서 말한 독도의용수비대와 관련된 기록이 있기 때문에 오늘은 말할 것도 없이 후세에도 "독도"가 어떠한 여건 하에서, 누구에 의하여 그 때 어떻게 수호되었으며, 그들 독도의용수비대원들이 목숨을 걸고 독도에 주둔하며, 어떤 나관을 극복하고 독도를 사수할 수 있었는가를 알 수 있는 것이다. 더구나 "독도의용수비대"의 경우와 같이 전시에, 명예제대 또는 상이군인으로서 국민의

---

83) 조약법에 관한 비엔나협약 제 31조(해석의 일반원칙) 제1항: "A treaty shall be interpreted in good faith
in accordance with the ordinary meaning to be given to the terms of the treaty in their context and
in the liight of its object and purpose."

국토수호의무를 다 마치고, 고향인 울릉도에 돌아와서 비록 민간인 신분이지만, 역전의 용사들로 구성된, 그 이름도 자랑스러운, 대한민국 재향군인회 울릉도 연합분회 회원들을 중심으로, 일부일본인들의 독도불법침입을 그대로 보고 있을 수 없어서 스스로 뭉쳐서 이러나 "독도의용수비대"를 창설하여, 전시라 나라가 북방전선에 온 힘을 경주하느라고 미쳐 독해의 낙도 "독도"에 손 쓸 사이 없는 기회를 틈타서,"평화선"를 넘어 아국 수역으로 들어 온 후, 일부일본인들이 불법적으로 우리의 고유영토요, 이들 재향군인회원들의 문전옥답(門前玉畓)과 같은 고향 땅, "독도"에 일본영토표목을 세우고 우리어민들의 독도영해 수역 내 어업을 못 하게하는 난동을 부려서, 도리혀 우리어민들이 적반하장 격으로 우리땅 "독도"에서 쫓겨 나와서 울릉군청 등 관할관서에 몰려가 "독도 어업권을 보장하라!"[84]고 울부짖는 관경을 목격한 그들 재향구인회 울릉군 영합분회회원들은 국가가 부르기 전에, 우리의 "독도"영토수호를 위하여, 다시 목숨을 걸고 일어났던 것이니, 이는 곧 20c 청사에 빛날 "독도의용수비대"로서, 일찍이 미국의 케네디 대통령이 1962년 그의 취임사에서 미국시민들에게 외쳤던 "여러분들이 나라를 위하여 무엇을 할 수 있는 지를 물어 주시오"(Ask what you can do for your country) 라고 했는데, 그보다도 한 발 앞서서, 나라가 미쳐 손 못 쓸 때 국민들이 스스로 일어나서 국토수호의 위업을 보여 준 특례라고 말할 수 있을 것이다. 이러한 귀중한 사실들이 동 수기 등 자료들이 없었다면, 그 대로 무쳐버렸을 것이 아닌가를 생각하면 간담이 서늘해진다. 그것은 흔히 볼 수 없는 자랑스러운 우리국민들에 의한 자율적 국토수호의 모범사례로서 후대에 길이 남겨야할 유산이기 때문이다.

여기서 독도의용수비대의 그 때 그 독도주둔수호활약 성과를 구체적으로 살펴보기로 한다.

---

84) 홍순칠, 전게서 각주1), p.2.

첫째: 우리 땅 "독도"영토주권에 대한 대한민국의 실효적 지배 강화에 기여.

둘째: 독도근해조업 울릉도어민들을 비롯한 기타 어민들이 이제는 내 땅 "독도"영해에서 일부 일본인들이나 그 순시선의 방해 없이 조업을 할 수 있는 안전을 확보하게된 것이다. 또한 독도 근해 조업 중심한풍랑을 맞나서 어려움을 겪었던 많은 우리 어선들에게 독도 주둔 의용수비대원들은 긴급구호의 손길을 내밀 수가 있었던 것 이다. 이는 1955년도에 독도채취미역을 만재하고, 울릉도로 향했던 수송선 "삼사호"가 엔진고장으로 표류하다가 5일만에 묵호항 에 도착했을 때 그곳 어민들이 표류선 독도 의용수비대원들에게 배푼 칙사(?)대접에서도 잘 들어나 있다 할 것이다.85)

셋째: 대한민국 경찰에 의한 독도주둔경비체제 조성에 기여.
이는 두 가지 측면에서 고려될 수 있을 것이다. 하나는 생물학적 측면이요, 그 다른 하나는 국제관계적 측면에서 평가될 수 있을 것이다.
우선 생물학적 측면 이라하면, 그 때까지 인간이 거주한 적이 없는 "독도"에서, 그리고 생수도 나오지 않는 불모의 땅, 바위섬에서 민간인들이 자급자족하며 3년8개월 간 (1953. 4. 20-1956. 12. 25) 독도주둔을 실현해 보임으로써, 독도수호는 물론이요, 그곳에서도 인간이 살아남을 수 있음을 거증한 것이다. 이러한 생존시합(survival game) 같은 불모지의 주둔은 군인 중에서도 특수부대 아니고는 상상도 할 수 없는 어려운 일이다. 따라서 불법독도를 침범한 일본순시선이 우리 독도의용수비대의 발포(firing) 공격을 받은 후, 이에 항의하는 일본 측 구

---

85) 金敎植, 전게서, 각주2), p. 270-71.

술서에서 일본도 우리정부에 대하여 독도에 주둔하고 있는 "무장병력"을 철수시키라고 요구했던 것이니, 독도의용수비대의 국토수호정신이 얼마나 위대한 것 이었는가를 능히 가늠할 수 있다 하겠다.

　다른 하나는, II차 세계대전 후, 중국대륙에서 장개석 총통이 공산군에 밀려서 대만으로 철수하고, 중국대륙에 1949년 공산정권이 수립되자 공산주의가 중국국경을 넘어 한반도 및 일본 등으로 확장되지 않을까 하는 우려가 자유진영에 팽배하게 되었고, 1950년에 6.25한반도 전쟁이 터지자 이 우려는 현실화되었다. 미국은 연합국과 일본의 강화조약체결을 서두르게 되고, 일본의 재무장론이 등장하게 되었다. 이러한 분위기에 편승한 듯, 이 무렵 일본은 독도야욕을 더욱 강화 하고, 대한민국이 한반도 전쟁 중 북방전선에 전 국력을 기우리고 있는 틈을 타서 일부일본인들이 감히 독도에 불법 침입하여 독도가"일본 땅 죽도"(竹島) 라는 푯말을 세우고 고기잡이 간 우리 울릉도어민들을 적반하장 격으로 독도에서 쫓아내는 망동을 부리게 이른 것이니, 그 때 우리 독도의용수비대가 독도에 주둔하면서 불법 침입한 일본 순시선과 일부일본인들의 독도불법침입행위를 저지하고, 대한민국의 실효적 독도지배의 기틀을 강화하게 된 것이니, 시기적으로 보아 얼마나 중요한 때에, 국토수호를 위하여 얼마나 중요한 위업을 성취하였는가를 생각할 때, 독도의용수비대의 그때 그 업적을 아무리 높이 평가해도 부족하다고 할 것이다. 그 당시의 국제적 여건은 너무나도 중요하기 때문에 후에 별도로 고찰코자 한다.

　넷째: 독도에 대한 실효적 지배(effective jurisdiction) 강화 기여

　독도는 역사적 및 국제법적으로 다툼의 여지없는 대한민국의 고유영토임은 재론을 요치 아니한다. 그러나 러.일전쟁 중 독도

에 불법적으로 발틱함대 동정파악을 위한 감시 초소를 설치하여 그 전략적 중요성을 체득한 일본의 독도에 대한 탐욕은 오늘날도 이어져 독도가 감히 "일본 땅"이라는 주장을 하고 있다. 이런 여건에서 볼 때 비록 독도가 역사적, 국제법적으로 대한민국영토이기는 하지만, 만일 그 때 독도의용수비대가 독도에 주둔하여 불법독도침입 일본순시선 등을 축출하지 아니 했더라면, 오늘 날처럼 우리가 독도에 대한 실효적 지배를 강화할 수 있었겠는가를 생각하여 볼 때 독도의용수비대의 그 때, 그 국토수호 위업은 필설로 다 표현할 수 없겠다. 반면에, 일본 측은 상대적으로 극히 상실감에 빠졌을 것이다(너무나 당연한 것이지만). 그 당시 독도의용수비대의 3년 8개월 간 독도주둔경비 와 그 후 오늘날에 이르기 까지 우리 해양경찰대에 의한 독도주둔경비로써 강화된 우리의 독도영토주권에 대한 실효적 지배는 벌써 반세기이상 되었다. 이는 국제법상 매우 중요한 의미를 가진다고 할 것이다86). 이런 견지에서 독도의용수비대는 독도에 대한 우리나라의 실효적 지배를 강화하는 데 지대한 기여를 하였음을 높이 평가해야 마땅할 것이다.

다섯번째: 일본 측의 독도문제 국제사법재판소(ICJ) 회부처리 제의 유발 동기부여 가능성

우리 독도의용수비대가 독도에 주둔하면서, 독도영해 불법침입 일본순시선에 대하여 발포(發砲)하고, 또 부상자를 내는 등 일본 측에 피해를 입히면서 일본순시선을 퇴각시키자, 일본이 수차에 걸쳐서 외교계통을 통하여 이를 우리나라에 항의하고, 독도주둔 무장병력의 철수를 우리나라에 강력히 요구했으나, 무

---

86) J. l. Brierly, op. cit., supra note 6), pp. 169-70: " In the British Guiana Boundary Arbitration between Great Britain and Venezuela, the parties to the dispute agreed the Tribunal should apply the following rule:: "Adverse holding or prescription during a period of fifty years shall make a good
title."

위로 끝나자, 이미 한국 측의 독도주둔에 의한 실효적 지배가 강화된 상태 하에서 궁여지책으로 일본이 1954년 9월 25일 외교계통을 통하여 정식으로 독도문제를 국제사법재판소에 회부하여 그 결정에 따라서 이 문제를 해결하자는 제의를 하게 되었을 것이라고 필자는 생각한다. 물론 우리나라는 동 일본의 제의를 단호히 거절함과 동시에 당시 우리 외무부장관(卞榮泰)은 다음과 같은 특별성명을 1954년 10월 28일 발표하였다.87) 즉,

: "독도는 일본의 한국침략에 대한 최초의 희생물이다. 해방과 함께 독도는 다시 우리 품에 안겼다. 독도는 한국독립의 상징이다. 이 섬에 손을 대는 자는 모든 한민족의 완강한 저항을 각오하라. 독도는 단 몇 개의 바윗덩어리가 아니라 우리 겨레의 영예의 닻이다. 이것을 잃고서야 어찌 독립을 지킬 수가 있겠는가. 일본이 독도 탈취를 꾀하는 것은 한국 재침략을 의미하는 것이다."

대한민국정부의 이러한 단호한 일본제의에 대한 거부는 너무도 당연한 것임은 재론을 요치 아니한다. 역사적, 국제법적 그리고 실효적 지배 상 엄연히 대한민국의 영토인 "독도"의 귀속에 관하여 국제사법재판소의 판결을 구할 필요는 있을 수 없는 것이기 때문이다. 더욱이 카이로선언, 포츠담선언(8)과 일본항복문서(The Instrument of Japanese Surrender)에 근거하여,88) 연합국을 대표한 미국대통령의 지령을 받고, 실질적으로 일본주권을 행사하고 있던 연합국최고사령관이 "SCAPIN No.677"(1946년 1월 29일자)에 의거 명문으로 "일본의 범위에서 독도 제외"를 조치하였고, 동 제외조치로서 1945년 8월과 9월 쏘련군 과 미군에 의한 한반도 점령으로 일본의 한반도

---

87) 김학준, 도도는 우리 땅,(서울:산줄기, 1996), p.140.
88) 나홍주, 독도의 영유권에 관한 국제법적 연구(서울: 법서출판사, 2000), p.270:"Basic Initial Post-Surrender Directive to the Supreme Commander for the Allied Powers for the Occupation and Control of Japan, 3 November 1945."

오랜 점유가 실질적으로 끝난 것이지만, 국제법적으로는 동 "SCAPIN No.677"에 의거 독도와 한반도(Korea)가 일본으로부터 완전히 통치적 및 행정적으로 분리된 것이다. 이와 같이 국제법적으로 완전히 일본에서 분리된 한국영토인 "독도"영유권 문제를 국제사법재판소에 회부하여 그 결정에 따르자는 일본 측 제의는 국제법적 통상 관례를 떠난 것이다.89) 그리고 그런 일본 측 제의는 우리 독도의용수비대의 독도주둔경비에 따른 우리나라의 독도에 대한 실효적 지배가 강화되자 일본이 궁여지책으로 나온 것이며, 어불성설이기 때문에, 독도는 어떠한 경우에도 우리가 스스로 지키는 수밖에 없으며, 일본 측의 법적 및 역사적 근거 없는 주장에 현혹되어서는 아니 될 것이다.

여섯째: 한.일기본협정(1965)상 독도문제 불 포함에 기여

1965년 체결된 한.일기본협정 상에 일본 측에서 반영코자 강력히 요구했던 "독도"문제가 배제된 것은 국제법상 매우 큰 의의가 있다.90) 이는 우리 측 협상교섭대표를 비롯한 독도영토주권 수호에 관심을 가지고 힘을 합친 우리국민 각계각층의 단합된 성원의 덕이겠지만, 그 중에서도 일찍이 사람이 거주한 적이 없던 불모의 바위섬, 독도에서 3년8개월이란 장구한 세월 오직 한 가지 "독도사수" 일념을 가지고 만난을 극복하고 무보수로 목숨을 걸고 한국경찰에 독도경비업무를 1956년 12월 25일 인계할 때까지 독도에 주둔하며 그 섬을 수호한 우리 독도의용수비대의

---

89) Mark W. Janis, An Introduction to International Law(Boston: Little Brown & Co.,1993, P124: "Such special submissions have, however, not usually been sought in matters highly charged or of great political moment."
90) Jon M. Van Dyke, Legal Issues Related to Sovereignty over Dokdo and Its Maritime Boundary, 28 May 2007 at Grand Hilton Hotel, Seoul, p.204:"...on numerous occasions that it views the Dokdo matter as no longer open for discussion, viewing the 1965 Treaty normalizing relations between Japan and Korea as bringing closure to the matter."

독도수호 결과로 독도에 대한 한국의 실효적 지배가 더욱 강화되어 있었기 때문이라고 말해도 과언이 아니라고 본다., 특히 1954년 11월 21일 불법독도침입 일본순시선에 대한 우리 독도의용수비대의 박격포 공격이 명중되어서, 일본 측 사상자가 발생한 사건은 한편으로는 유감지사이지만, 다른 한편으로는 독도의용수비대에 의한 한국의 독도실효적 지배강화의 완성편[91]이라고 할 수 있을 것이다. 때문에 일본 측도 어찌할 수 없이 한.일기본협정문 상 독도문제 반영에 실패한 것으로 볼 수 있으며, 이런 견지에서 독도의용수비대의 동 협정상 독도문제 불포함에 기여한 것이라 말할 수 있을 것이다.

일곱번째: 대한민국 재향군인회 활동 중 모범사례의 하나로 평가 타당

우리나라 재향군인회가 여러 방면에서 수행하는 공익사업이 많을 것이다. 그러나 재향군인회 울릉도 연합분회가 중심이 되어 1952년 창설한 독도의용수비대의 "독도수호"를 위한 활약만큼 청사에 빛날 위대한 업적은 찾기 어려울 것 같다. 영토수호 활동이란 의미에서도 그렇지만, 국가가 북방전선에 전력을 경주하느라고 미쳐 동해 바다 동남쪽 낙도, 독도에 손 쓸 사이 없는 틈을 타서 일부 일본인들이 이 섬에 침입하자, 국가가 말하기 전에 스스로 역전의 용사들인 그들은 다시 목숨을 걸고 독도를 수호하였으니, 이는 고금의 역사상 그 실례를 찾기 어려운 애국애족의 발로로서 대한민국 재향군인회의 자랑 일뿐만 아니라 우리 대한민국국민 모두의 자랑이라 보기 때문이다. 재향군인이 주동이 되어 창설된 "독도의용수비대"와 그 "국토수호 사례"는 현대뿐만 아니라 먼 후대에도 우리 재향군인회 활동의 한 모범사례로서 길이 빛날 것이다.

---

91) 김교식, 저게서, 각주2), pp.193-200; 홍순칠, 전게서 각주2). p.142.

제6장 "독도의용수비대" 창설시기 및 그 독도주둔활약 시기의 중요성 고찰

"독도의용수비대"는 1952년 8월 21일 대한민국 재향군인회 울릉도연합분회 결성일에 동 재향군인회원들을 중심으로 창설되었으며, 그 이듬해(1953) 4월 20일 홍순칠 독도의용수비대장 지휘 하에 제1진이 독도에 무한정 주둔할 목적으로 독도에 상륙함으로써 그 장기간 주둔이 시작되었음은 홍순칠 대장의 수기 및 기타 자료에서 확인된다. 이 시기는 바로 민족상잔의 6.25 한반도 전쟁 중의 시기로서, 비단 우리대한민국의 국운이 풍전등화와 같이 어려웠던 시기일 뿐만 아니라 "독도"수호에도 어려움이 함께 엄습하였던 매우 어려웠던 시기 이였음은 앞에서 홍순칠 대장의 수기 등에서 확인할 수가 있었다. 뿐만 아니라 그 시기는 국제적으로도 한반도 주변정세가 매우 민감한 시기였다는 점에서, 그 시기를 살펴봄으로서 홍순칠 대장의 "독도의용수비대" 창설과 "독도주둔활약"이 얼마나 중요하고 극적 이였는가를 이해하는 데 도움이 될 수 있을 것이다.

1. 1946년 "SCAPIN No. 677"(1946. 1. 29) 발행 시기

포츠담선언(8)의 "카이로선언 조건(Terms)은 집행되어야한 다…"에 근거하여, "독도"가 명문으로 일본의 범위로부터 제외 되었다.

2. 1949년 중국 대륙에 공산정권수립 시기

중국대륙에서 국민군과 공산군 싸움에서, 전세가 공산군 쪽으로 유리하게 전개되던 1948년경부터, 우리나라를 포함하여 전 세계 자유진영은 공산주의가 중국국경을 넘어 여타 국가로 번질 것을 우려하이지 않으면 아니 되었다. 중국대륙에 1949년 공산정권이 수립되자 그런 우려는 현실 문제가 되었다. 미국은 일본과 연합국간 강화조약체결을 서둘게 되었다.

3. 1950년 북한의 남침으로 한반도전쟁 발발 시기

1950년 6월 25일 북한군이 대대적 기습으로 대한민국을 침범하여 한반도전쟁이 발발하자, 미국을 비롯한 자유진영 16개국과 쏘련과 중공(의용군)을 비롯한 공산진영 간 대결로 한반도에서 선전포고 없는 세계대전이 전개되었다. 이 시기에, 만일 대한민국이 공산군을 물리치지 못 하면, 일본도 위험하게 될 것이란 우려가 생기게 되었다. 이에 따라 일본의 재무장 문제가 수면 위로 떠오르게 되었다.

일본의 재무장문제의 대두는 일본이 "독도"에 대한 탐욕을 버리지 아니 하는 한 우리나라의 "독도"수호에 순풍이 될 수 있는 분위기가 형성될 수는 없었다. "독도"는 동해 관할 상 군사전략적 요충지이기 때문이다.

4. 1950년, 맥아더 사령관의 정치고문 씨-볼드(W. J. Sebald)의 "일본재무장 문제(The Problem

of Japan's Rearmament)92) 대두시기

　씨볼드는 1950년 8월 25일자 "일본재무장 문제"를 미국 국무성에 건의하였는바, 그 서두는 다음과 같이 시작하고 있다 (필자의 비공식적 당해부분 영문번역):
　"지난 6개월 간 일본내외에서 일본의 재무장문제 및 그 관계 사상에 대한토의가 증대되고 있었다. 이러한 토의는 6월 25일 한반도(Korea) 내에서 전쟁이 발발하고 난 후, 더욱 적극적인 전기(轉機)를 맞이했다. 재무장에 대한 보다 공개적이고 적극적인 옹호론이 주도하게 되고, 이는 비단 일본 내부적 평화와 질서보전을 위해서 뿐만 아니라 외부침략으로부터 일본의 방어를 위한 것이다 는 것이다...."
　씨볼드가 동 건의문에서 주장하는 요지는 다음과 같다: "한국동란의 견지에서 일본방위부대의 창설에 호의적인 여론 층이 대두되고 있다. 세계정세변화, 임박한 공산침략의 위협, 미국에 지워진 평화보존의 부담, 일본이 무장될 시의 위험 등을 고려해도, 일본은 부분적으로 무장되어야한다. 이 견해는 다수 일본인들뿐만 아니라 맥아더 장군, 아이셀버거 장군, 월터 리프만, 및 윌리암 커트니 등 인사들도 공감한다. 한반도사태 (Events in Korea)가 일본의 무장해제와 비무장화에 대한 전제를 무효화시켰다. 따라서 대안은 둘이 된다. 하나는 미국이 일본방어의 전체를 떠맡거나, 다른 하나는 미국의 일본방어를 돕도록 일본을 끌어들이는 것이다. 그런데 후자가 더 좋다는 결론이다. 그는 일본에 새로운 경찰예비대를 확대하여 공습 및 수륙 양면의 공격에 맞설 수 있는 고도의 기동력을 가진 지상병력을 확대시킬 것과 해양안전순시를 보완하여 줄 무장한 해상보안부대의 창설 및 궁극적으로는 한정된 전투기부대의 설립

---

92) 비밀해제: 2006. 3. 31,NARA(U.S.A.): "The Problem of Japanese Rearmament".

을 건의하고 있다. 일본의 많은 인적자원을 최대로 활용하기 위하여 일본의 재무장은 마땅히 기획되어야한다 는 것이다"

5. 1952년 미군기에 의한 독도폭격연습 재발의 미스테리 발생 시기

첫 번째 독도폭격사건은 대한민국 정부수립 되기 약 2개월 전인,1948년 6월 8일 미공군기에 의한 독도폭격연습으로 인하여 그 때 독도에서 고기잡이를 하던 우리 울릉도 어민들의 사상자가 발생하게 되었다. 당시는 우리국민들이 주한 미군사정부관할 하에 있었던 관계로 하지중장이 특별성명을 내어, 진상을 철저 조사 중이니 진상이 규명될 때 까지 임의적 판단을 말라는 성명을 내었다.93) 후에 미군 측에서 동 폭격사건 사상자에게 피해보상을 했다고 홍순칠 대장은 그의 수기에서 다음과 같이 기록을 남기고 있다.94)

"당시 울릉도는 포항주둔 미 육군의 관할 하에 있었고, 몇 사람의 장교 와 사병이 울릉도에 와서, 어른은 500환, 미성년자에게는 300환의 위자료를 지급하였다."

그러나, 1952년도의 독도 폭격사건95)은 대한민국정부수립 후의 사건이란 점에서 특히 관심을 더 갖지 아니할 수 없는 것이다.

:" [1952년] 1차 독도폭격사건: 1952년 9월 15일 발생
- 1952년 9월 15일 미군용기가 독도에 폭탄 4말을 투하하였다.

---

93) 대동신문(1948. 6. 17): "獨島事件 徹底 調査 中"
94) 홍순칠, 전게서, 각주 1), p.97.
95) 김명기, 독도강의(표준 독도국민교범,독도조사연구학회), (서울: 책과 사람들, 2007), pp.118-21.

제6장 독도의용수비대 창설시기 및 그 독도주둔활약 시기의 중요성

당시 독도에는 20여명의 선원과 해녀들이 조업 중 이었으나 인명피해는 없었다. 그런데, 그 무렵 울릉도에 독도학술조사단 일행 36명이 도착하여(1952년 9월 18일), 있었으며 독도폭격소시에 불안하여 관계당국에 항해안전 보장을 요구하였다.

〔1952년〕 2차 독도폭격사건: 1952년 9월 22일
독도학술조사단이 동년 9월 22일 울릉도를 출발하여 독도 부근 2 Km 해상에 도착하였을 때, 돌연 4대의 항공기가 출현하여 독도에 폭탄을 투하하였다.

폭탄투하 사건의 미스테리: 김명기 교수는 동 독도폭격사건에 관하여, 다음과 같이 의구심을 피력하고 있다;
동 학술조사단이 독도에 상륙 계획일인 9월 15일에 폭격이 있었고, 또 동 학술조사단이 2차로 독 동에 상륙하려 할 때 폭격이 또 있는 것은 어떤 연유에서 인지 확인되지 않았다."

필자가 보기에도 1952년도 2차에 걸친 독도폭격사건은 도저히 이해가 가지 않으며, 어찌하여 독도학술조사단이 독도에 상륙할 예정일에 2번이나 공교롭게도 폭격이 실시되었다는 것인지, 우연의 일치로 보기에는 너무 미스테리가 많다는 생각이 든다. 비록 오랜 시간이 지난 일이지만, 앞으로 규명되는 날이 오기를 바란다.

이상과 같은 1952년을 전후한 제반 국내외 여건을 고려할 때, 홍순칠 대장이 1952년 8월 21일 독도의용수비대를 창설하고, 그 이듬해인 1953년 4월 20일 독도주둔을 목적으로 독도에 상륙하여 3년 8개월간 주둔하면서 불법독도침입 일본 해상순시선에 발포함으로써 일본 해상 순시선을 퇴거시키고, 또는 일본 측에 사상자가 나오는 등 피해가 발생한 것은 유감이지만, 결과적으로 우리나라의 독도에 대한 실효적 지배를 강화시키는 데는 매우 결정적이요, 극적인 효과가 있었다는 것을 높이 평가받아야 마땅할 것이다.

제7장 결 론

　앞에서, 우리는 6.25 한반도전쟁 중 북방전선에서 혁혁한 무공을 세운 역전의 용사로서 명예 제대되었거나 혹은 일선 전투에서 심한 부상을 입고 군병원에서 상이용사로서 가료를 받다가 군에서 제대되어 고향땅 울릉도에 돌아와 요양 중에 있던 홍순칠 등 명예로운 재향군인회 울릉군 연합분회 회원들이 중심이 되어 독도수호를 위하여 한 번 더 목숨을 걸고, 자발적으로 일어나 1952년 8월 21"독도의용수비대"를 창설하고, 그 이듬해 4월 20일 독도에 역사적인 상륙한 후 3년 8개월 간, 바위섬 독도를 사수함으로써, 우리 영토, 독도에 대한 대한민국의 실효적 지배를 강화시켰음을 앞에서 살펴보았다. 일부 일본인들에 의한 독도주권훼손 발생에 임하여, 국가가 말하기 전에, 울릉군 재향군인회 회원들이 긴급히 먼저 나서서 독도수호를 결의하고, 독도의용수비대를 자율적으로 편성하고, 독도에 주둔한 하게 된 경위는 매우 중요하다. 울릉군 재향군인회 회원들이 나서게 된 동기는 1952년 말경 독도에 고기 잡으러 갔다가, 그곳에 일부일본인들이 "일본 땅"이란 푯말"(島根縣 隱岐郡 五箇村 竹島)을 세워놓고, 적반하장(賊反荷丈) 격으로, 우리어민들을 쫓아내어 우리어민들이 울릉도에 돌아와 관계관청에 몰려가서 독도어업권을 보장하라고 아우성을 치지만, 지방관서는 중앙에 대응책강구를 요청하나, 북방전선에 전력을 다하고 이는 중앙정부로 서는 이에 미처 손 쓸 사이가 없는 형편이었으리라. 중앙에서 아무런 회답을 받지 못하고 있는 지방관

서로서도 어떤 대응책을 찾지 못 하는 형편에 있었던 것이다. 역사적으로 뿐만 아니라 국제법적으로도 엄연히 대한민국의 영토인 독도에 일부일본인들이 "일본 땅"이란 푯말을 세우고, 감히 한국인 어부들을 그곳에서 쫓아낸 것은 분명히 영토 침략행위라고 할 것이다. 그런데, 우리 중앙정부가 6.25 한반도전쟁에 전력을 다 하고 있던 그 때 이런 일이 동해에 있는 낙도, 독도에서 실제로 벌어지고 있었던 것이다. 이러한 긴급한 상황을 목격한 재향군인회 울릉군 연합분회 분회장 홍순칠은 분회 회원들을 중심으로 국가가 부르기 전에 스스로 일어나 1952년 8월 21일 독도의용수비대를 창설하고, 그 이듬 해 4월 20 독도에 상륙하고 장기간 주둔하며 독도영토주권을 지켰던 것이니, 그 위업은 필설로 다 표현하기 어렵도다. 만일, 그 때 홍순칠 대장의 지도하에 독도의용수비대가 창설되고, 장기간 독도에 주둔하며 불법독도 침범 일본순시선에 대하여는 과감히 발포(發砲)도 불사하며 퇴거시키지 아니 했다면, 오늘날 독도의 운명은 어떻게 되었을까를 생각하면, 아찔해진다. 국제법상 아무리 자기 땅이라도, 타국이 자국 땅이라는 푯말을 세우고, 점유하고 있는 것을 방치한다면, 그 것은 곧 묵인(Acquiescence)의 시작이 되기 때문이다.

더구나 이러한 국토수호의 위업을 이룩하기 위하여 홍순칠 대장은 독도의용수비대의 운영경비를 자급자족하면서 조상님으로부터 물려받은 논, 밭 까지 다 털어서 운영경비에 충당하였던 것이니, 그 애국충정을 무엇으로 다 표현할 수 있을 것인지...머리가 숙여진다. 일찍이 영국의 저명한 전략가 벨라드 제독(Vice Admiral G .A. Ballard)이 이순신장군의 이야기를 듣고, 사실을 연구하려고 1915년 한반도를 찾아 온 적이 있다. 당시 일제의 극진한 안내를 받아서 이순신장군이 싸운 해전의 현장을 두루 산편 후, "일본정치사에 미친 바다의 영향"(The Influence of Sea On the History of Japan)이란 책을 썼다(1919). 그 책에서 그는, 임진왜란은 일본의 패전이라 평했고, "넬슨제독과 견줄만한 제독을 영국인들은 인정하지 못한다. 그러나 만일 그런 제독이 있다면, 그는 틀림없이 이 아세아 민족으로서 패배를 모르고 전사한 이 해군지휘관일 것이다"고 이순신장군을 극찬했다. 그가 이순신장군이 간계에 의하여 고문당하고, 관직을 박탈당하고, 급기야 백의종군 한 사실을 아는지 모르지만...그리고 그는 유명한 말을 했다: "바다는 이 바다를 지배할 준비가 되어 있는 자에게는 고속도로(Highway)이고, 그렇지 못한 자에게는 장애물(Obstacle)이 된다." 동해의 중심에 있는 유일한 도서로서 "독도"는 전략적 요충지로 알려져 있다. 즉, 독도를 지배하는 자, 곧 동해를 지배할 것이다. 물론 어업자원 및 지하자원도 풍부하지만. 이러한 전략적 요충지인 "독도"수호를 위하여 홍순칠 대장은 국가가 말하기 전에 자율적으로 "독도의용수비대"를 창설하고, 식수도 나오지 않는 불모의 바위섬에 장기간 주둔하고, 목숨을 걸고 무장한 일본순시선에 발포하여 퇴거시키고, 이 "독도의용수비대"의 운영을 위한 경비는 자급자족하며, 조상으로부터 물려받은 논, 밭 까지 사유재산을 다 그 운영경비에 충당한 홍순칠 대장을 만일 베라드 제독이 연구했다면, 그는 무엇이라고 말할 것인가...궁금하다. 아마도 그도 힘들어 할 것이다. 홍순칠 대장을 이해하려면, 그의 조부 홍재현 옹을 이해해야 하고(조실부모로, 조부의 손에 자랐기에), 홍재현 옹을 이해하려면 우리나라 고유의 "선비사상"을 이해해야 할 터이니까. "선비사상"을 이해하지 아니하고는 홍순칠독도의용수비대장의 행적을 제대로 이해하기는 어려울 것이다. 다만, 앞에서 언급한 케네디대통령이 1961년 대통령 취임사에서 미국시민들에 호소한 "여러분들이 조국을 위해 무엇을 할 수 있는지, 물어주시오!"의 수준보다는 몇 백배 더 훌륭한 위업을 해 냈다고 말할 수 있을 것이다.

특히, 분명한 것은 홍순칠 대장이 "독도의용수비대"를 창설한

1952년도는 국내적으로는 6.25 민족상잔의 처절한 전쟁이 한창이었고, 국제적으로는 미국을 위시한 자유진영 16개국과 쏘련과 중공을 위시한 공산진영이 참전한 선전포고 없는 국제 전쟁이 한반도에서 진행 중 이었다. 이런 국제적여건 하에서 미국은 일본과의 강화조약을 서둘고, 일본의 재무장 문제가 급부상하여 수면위에 떠올라 공공연해지자, 일부 일본인등이 이런 국제조류에 편승하여 독도에 대한 해묵은 야욕을 버리지 못 하고, 엄연한 대한민국의 영토인 독도에 "일본 땅"이란 푯말을 세우고 점유하려했으니. 독도수호 상 미증유의 급박한 사태가 벌어진 것을 홍순칠 대장의 영명한 지도하에 이 위기를 도리어 대한민국의 독도에 대한 실효적 지배(effective jurisdiction)를 강화하는 방향으로 역전을 시켰으니, 그 위업은 현대뿐만 아니라 후대 역사가들의 찬사를 받을 것이다.

홍순칠 대장은 "독도사수"는 말할 것도 없고, 평소 "독도개발에 관한 꿈"96)을 품고 있었으니. 지금이라도 그 꿈이 이루어지기를 빌며, 그의 꿈을 그의 수기로부터 여기에 옮긴다. 특히, 해양수산 분야 인사들의 일고가 있기를 바라며, 이 글을 맺는다.

홍순칠 독도의용수비대장의 생전의 꿈(독도어업전진기지 개발):
" 언잰가 동도와 서도가 연결되어 고깃배들이 쉴새 없이
독도항에 가득하고, 독도의 등대가 지칠 정도로 불을 밝힐
때 독도는 명실상부한 황금어장으로 발전하리라. 그리고
독도에서 잡은 고기가 서울사람들의 식탁에 오르면,
독도를 지키다 간 넋들의 희생도 헛되지 않으리라
믿는다."

- 끝 -

---

96) 홍순칠, 전게서 각두1), p. 159.

부 록

- A Study On the Documents To Justify the Korean Sovereignty Over Dokdo Islets In Light of International Law

- 기미독립선언서 (국문 · 영문)

A Study On the Documents To Justify the Korean Sovereignty Over Dokdo Islets In Light of International Law

Hong-ju NAH
(Chairman, Dongsoong Sub-Branch,
Heung Sah Dan, Seoul; Ex-President,
Dokdo Research & Studies. Society)

I. Preface

It is the indisputable fact that Dokdo Islets are Korean territory in light of historic, geographic and effective jurisdictional aspects as well as in international law. Therefore, Koreans hardly accept any existence of territorial disputes over the Islets between the Republic of Korea and Japan.

In this article, however, I like to review only on several evidences of the major documents to justify the Korean sovereignty over the Dokdo Islets in light of international law for the readers who have interest in Dokdo Islets issue. No such clear documental evidences as shown in on Dokdo Islets were found in such major islands dispute cases as Minquiers and Ecrihos Islets Case(1953) between U.K. and France, the Island of Palmas(or Miangas) Case(1928) between the U.S.A. and Netherlands, and Clipperton Island Case(1931) between France and Mexico.

Professor V. Sandifer (University of Virginia, U.S.A.) emphasizes the importance of official documents or a public record for evidence in his work[97] and particularly documents of government such as international agreements between States as the most effective in international tribunals. The Korean government officially and sternly rejected on 28 October 1954 Japanese proposal to refer the Dokdo Islets issue to the International Court of Justice. It is the stance of the Korean government that the Islets are indisputable Korean territory, historically, legally and in light of effective jurisdiction over the Dokdo Islets by Korean government. Such a stance was revealed in the following statement issued at the time of rejecting the said Japanese proposal to refer the Islets issue to the ICJ:

[Unauthentic translation from Korean text[98] by the author]

"The Dokdo Islets were the first sacrificed soil out of Korean territory in the course of Japanese past invasion to Korea. With the Post World War II liberation of Korea from Japanese occupation, Dokdo Islets returned back to Korea, being hugged deep into the bosom of all the Korean people. Thou, the Islets, are the very symbol of the independence of the Republic of Korea. Without anticipating a furious resistance and revenge to come

---

97) Durward V. Sandifer, Evidence Before International Tribunals (revised Edition), Charlottesville: University of Virginia Press, 1975), p.208.
98) 변영태(卞榮泰) 외무부장관 성명(1954.10.28):"독도는 일본의 한국침략에 대한 최초의 희생물이다. 해방과 함께 독도는 다시 우리 품에 안겼다. 독도는 한국독립의 상징이다. 이 섬에 손을 대는 자는 모든 한민족의 완고한 저항을 각오하라. 독도는 단 몇 개의 바윗덩어리가 아니라 우리 겨례의 영예의 닻이다. 이것을 잃고서야 어찌 도립을 지켈 수가 있겠는가. 일본이 독도 탈취를 꾀하는 것은 한국 재침략을 의미하는 것이다."

from all the peoples of Korean race can any foreign state extend her greedy hand out again dare to take the Islets from the Korean bosom? Oh! the Dokdo Islets! Thou art not common several rocks at all, but a group of glorious anchors for the Korean affinity "Hankyorae", laid firmly in the East Sea. Koreans can never be proud of the independent Republic of Korea, if we could not protect the Dokdo Islsts again, the symbol of Korean independence ! How can it not be construed as a glimpse of reviving Japanese intention to invade to Korea again, if Japanese continue to try to deprive the Dokdo Islets again ? "

Sharing with the aforesaid Korean government's stance to the Korean sovereignty over Dokdo Islets, I would like to trace after major official documents related to legal status of the said Islets including actions taken by Occupation Authority of the Allied Powers and other public records, etc..

II. Review of Official Documents and Public Records, etc. related to Dokdo Islets issue.

1. SCAPIN[99] No. 677(29 January 1946)
   A. Major Factors To be Reviewed in the Directive.
   (1) Memorandum For: Imperial Japanese Government
   (2) Subject: Governmental and Administrative Seperation of Certain Outlying Areas from Japan

---

99) SCAPIN: Surpreme Commander For the Allied Powers Instruction

(3) "...excluding (a) Liancourt Rocks(Take Island)"

[Abstract]: "For the purpose of this directive, Japan is defined to include the four main islands of Japan...

excluding(a) Utsryo(Ullung) Island, Liancourt Rocks

(Take Island) and Quelpart(Saishu or Cheju) Island.

(4) "4. Further areas specifically excluded from the governmental and administrative jurisdiction of the Imperial Japanese Government are the following: (a)...(b)...(c) Korea (d)..."

(5) "6. Nothing in this directive shall be construed as an

indication of the Allied policy relating to the ultimate determination of the minor islands referred to in Article 8 of the Potsdam Declaration."

* Remark: "Memorandum For" format of SCAPIN

In accordance with the Terms of Japanese Surrender, Japan was under Occupation Authority to which the authority of Emperor and Japanese government to rule the State was subjected for a certain period of time during which "Memorandum For" method was used as a means of indirect control of Japan by SCAP.

*The SCAP Administrative Map:
Japan and Korea(Feb. 1946).

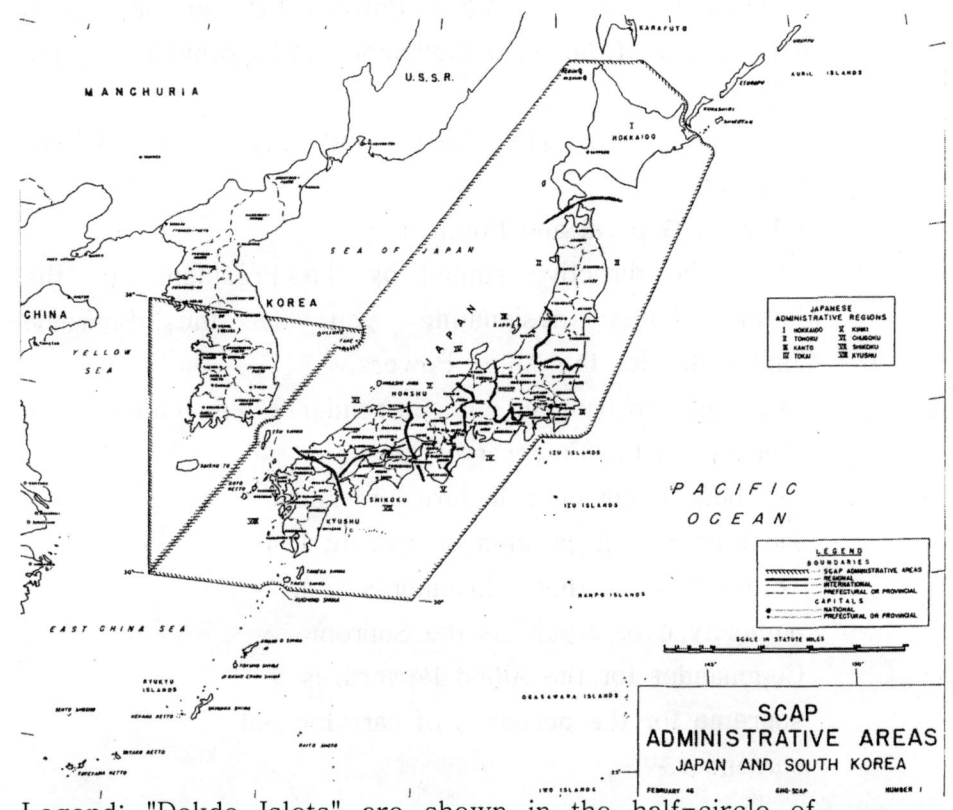

Legend: "Dokdo Islets" are shown in the half-circle of the boundary
　line between Republic of Korea and Japan in the East Sea(Sea of Japan).

　B. Some References for the Review.
　(1) The basis of the SCAP power and authority to issue

the Directive(SCAPIN No. 677).

: Basic Initial Post- Surrender Directive to the Supreme Commander for the Allied Powers for the Occupation and Control of Japan, 3 November 1945 provides as the following:

[Abstract]: "2. The Basis and Scope of Military Authority

(Part I. General and Political);

* ... the directive signed by the President of the United States designating you as the Supreme Commander for the Allied Powers.

*... the Instrument of Surrender[100]...executed by command of the Emperor of Japan.

* These documents, in turn, are based upon the Potsdam Declaration of 26 July 1945.

*...Pursuant to these documents your authority over Japan, as the Supreme Commander for the Allied Powers, is supreme for the purposes of carrying out surrender.[101]

---

100) The Instrument of Surrender(Abstract): "The authority of the Emperor and the Japanese Government to rule the state shall be subject to the Supreme Commander for the Allied Powers who will take such steps as he deems proper to effectuate these terms of surrender."

101) The SCAP power to carry out the Surrender is reiterated in detail as follows in the text of the Basic Initial Post-Surrender Directive :" In addition to the conventional power of a military occupant of enemy territory, you have the power to take any steps deems advisable and proper by you to effectuate the Surrender and the provisions of Potsdam Declaration."

(2) Commentary

SCAPIN No.677(29 January 1946) comprises the provision
to exclude the "Dokdo Islets" explicitly from the definition of Japan for the purpose of Governmental and Administrative Separation of
certain outlying areas from Japan. And the provision has never been revised nor cancelled. Thus, Japan was believed to have tried hard in
vain to invalidate the provision of "excluding Liancourt Rocks(Take Island) from the definition of Japan" by means of insert such a new counter provision as "Japan comprises...Liancourt Rocks(Take Island)..." into the text of Peace Treaty[DRAFT] with Japan in 1951.

The provision that "Japan comprises Liancourt Rocks(Take Island)" was shown in the 6th, 8th, 9th and 14th DRAFTs of the said treaty.[102] However, in the last DRAFT of the Treaty, the said DRAFT provision "Japan comprises Liancourt Rocks(Take Island)" disappeared at last. Such a "disappearance" of the DRAFT provision means that Japan failed completely to cancel the provision of "excluding Liancourt Rocks(Take Island) from the definition of Japan" in the said SCAPIN No.677(29 January 1946). Now that, will it be possible for those whoever may them be, try to claim over "Dokdo" without blaming on the failed Japanese intention to establish the provision "Japan comprises Liancourt

---

[102] Jon M. Van Dyke, Legal Issues Re;lated to Sovereignty over Dokdo and its Maritime Boundary, presented on 28 May 2007 at Grand Hilton Hotel, Seoul, pp.183-84.

Rocks(Takeshima)" in the Peace Treaty ?

One of examples to block the Japanese intention to change the directive issued by the Occupation Authority during the period of preparatory work for the Treaty can be found in the United Kingdom Paper on the Japanese Peace Treaty issued at Colombo, Territorial Provisions. January 1950[sources: declassified paper, 27 April 2006, NARA(U.S.A.), as quoted below:

: "The Great Powers have, of course, already entered into various commitments regarding disposition of territories. Any attempt to vary these decisions would be fraught with great difficulties and need not in any case be a matter for decision at a Peace Conference."

On this occasion, let me repeat the fact that "the intention or will" of the said Directive(SCAPIN No.677) to exclude Liancourt Rocks(Take Island) from the definition of Japan has never been changed with the aforementioned Japanese failure. Before any thing else, I like to quote another preparatory work "an agreement between the Allied Powers on the disposition of former Japanese territories in 1950" as the following:

The Agreement Respecting the Disposition of Former Japanese Territories, 1950.

Article 3;

"The Allied and Associated Powers agree that there shall be transferred in full sovereignty to the Republic of Korea all rights and titles to the Korean mainland territory and all off-shore Korean islands, including Quelpart(Saishu To), the Nan How group(San To, or

Komun Do which forms port Hamilton(Tonaikai), Dagelet Island(Utsryo To, or Matsshima),
 Liancourt Rocks(Takeshima), and all other islands and islets to which Japan had acquired..."
 However, the view of professor Jon M. Van Dyke(University of
of Hawaii at Manoa, U.S.A.) on the said issue of Japanese failure to set up a counter provision against SCAPIN No.677 on "Dokdo Islets" in the Peace Treaty, appears different to my view aforementioned, though his view is very persuasive. I am pleased to introduce his view as the following:
 : "The Allied Powers did not indicate why they choose the third outcome, but the varying positions taken during the deliberation process indicate that the decision was made either because not enough information had been provided regarding the historical events surrounding Japan's annexation of Dokdo/Takeshima or because the Allied Powers felt themselves to be incapable or inadequate, adjudicators."[103]

The reasons why I regret not to share with professor Van Dyke's views:
 ① As the U.K. paper aforementioned suggests, the Japanese
 DRAFT tried to vary the original intention of the directive of the Occupation Authority(SCAPIN No.677 on Dokdo) issued as a means of effectuating the terms of

---
103) Ibid., p184.

Japanese Surrender. But the Japanese failed to include Dokdo into her territory with the failure of the DRAFT.

② The Preface of Peace Treaty with Japan, San Francisco 8 September 1951(Abstract). clearly states the purpose of concluding the Peace Treaty as "settle questions still outstanding" as a result of the existence of a state of war between them. The "questions still outstanding" implies, I think, either to finalize or to variate the Allied Powers' "various commitments regarding disposition of former Japanese territories" something like "excluding Liancourt Rocks(Take Island) from the definition of Japan" in SCAPIN No.677).

③ Article 19(d) of the Peace Treaty (Abstract) provides as the following:

"Japan recognizes the validity of all acts and omissions done during the period of occupation under or in consequence of directives of the Occupation Authorities or authorized by Japanese law at that time, and ..."

It is my firm belief that "excluding Liancourt Rocks(Take Island) from the definition of Japan" falls within the purview of this provision of Article 19(d).

④ The way of providing for Article 3, SCAPIN No.677(29 Jan.,1946) on "Dokdo Isets", I think, strongly implies the fact that "Dokdo Islets are attached to Ullung island" by enumerating "Dokdo Islets" immediately after "Ullung island before Quelpart(Saishu or Cheju), etc.. However, the Agreement Respecting the Disposition of Former Japanese Territories between the Allied and the Associated Powers(1950) which was reached in a preparatory work for Peace Treaty, enumerates Korean mainland and all the off-shore islands and islets including "Dokdo Islets" in order to clarify that all of them belong to the Republic of Korea. The Vienna Convention on the Law of Treaties provides in the Article 32(Supplementary means of interpretation) that "Recourse may be had to supplementary means of interpretation, including the preparatory work of the treaty and the circumstances of its conclusion."

Without recourse to the preparatory work of the said Agreement Respecting the Disposition of Former Japanese Territories, the interpretation of Article 2(a)[104] will be entirely impossible because the provision omitted the Korean mainland and all the off-shore islands and islets as well as "Dokdo Islets" except the only three islands enumerated as, Quelpart, Port Hamilton and Dagelet, out of a total of Four Thousand and One Hundred Ninety Eight(4,198) islands[105] as well as main land(Korean peninsula).

In regard to some ambiguity in the provision of Article 2(a) on the legal status of "Dokdo Islets" in Peace Treaty, professor Van Dyke also presented by means of a Beam Projector a very interesting view at a symposium

---

[104] Article 2(a), Peace Treaty:"Japan, recognizing the independence of Korea. renounces all right, title and claim to Korea, including the islands of Quelpart, Port Hamilton and Dagelet.

[105] Ministry of Maritime and Fisheries Affairs, Korean Government, Why the Sea is Blue?,. published in Seoul, 1998, p.174: "In South Korea, 3,153 islands: In North Korea, 1,045 islands. Total; 4,198 islands."

"The Political, Legal and Historical Implications of the Dokdo Issue: Searching For Cooperation In Northeast Asia" held on 8-9 December 2005 at Hotel Merriot, Seoul. I am pleased to quote below some part of professor Van Dyke's presentation under the subject " The Status of Islands in International Law and Territorial Disputes in East Asia" for the readers to have an opportunity to think over the outstanding insight:

"John Foster Dulles Leaves the Status of Dokdo Ambiguous.

* Because of a fear of a communist takeover of Korea.
* To keep relations between Korea and Japan unstable.
** and thus to encourage Japan's defence buildup, and
** discourage Japanese dominion of the region."

2. Japanese Dai Jo Kan[106] (at present, Prime Minister) Document
 (dated 29 March 1877) on "Dokdo Islets" and the Map

Reference #1.
 The photo copy of Dai Jo Kan Document(29 March 1877)[107]

---

106) Dai Jo kan(太政官): The status of the Prime Minister at present time. At the time, Dai Jo kan was
Iwakura Kumi(岩倉具視).
107) Source: National Japanese Government Documents Archives, Department of Home Affairs Document, Tokyo, Japan

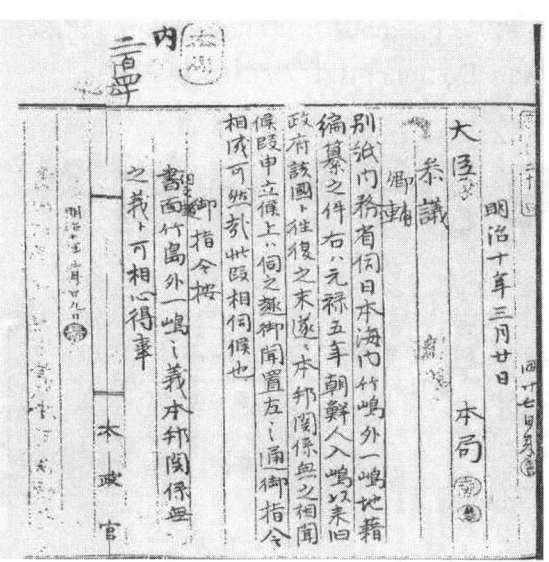

[Abstract]: Unauthentic translation by the author.

"In relation to the inquiry from Home Affairs Ministry on title over "Takeshima and the other one island" located in the Sea of Japan, my former government had consultations on the issue with the other country concerned since one Korean arrived at my country in Genroku rein 5th year(1692), making visits to the other country concerned , and reached at last to the conclusion that my country had nothing to do with the islands. Accordingly, I(Assst.) recommend you to respond to the inquiry from the Home Affairs Ministry as below:

"As to your inquiry on title to "Takeshima and the other one island" located in the Sea of Japan, my country (Japan) has nothing to do with the islands, and you should bear this in mind."

*signed (by Dai Jo Kan) on 29 March 1877.

Reference #2: The map of "Dokdo Islets" attached to Dai Jo Kan Document(29 March 1877).

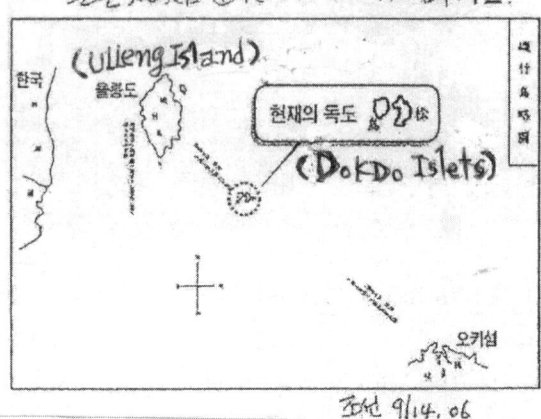

[Translation]: Japanese government.
Document Has Now Been Discovered !

A photo copy of "Map of Dokdo Islets" under the title "Summary Map of Takeshima" attached to Dai Jo Kan Document(29 March 1877) was revealed for the first time in Korea recently on a Subway Paper and The Chosun Daily News Paper.

Title of the Map: <u>Summary Map of Takeshima (At the time, Korean Ullung island)</u>

* The Importance of the Map:
① It is a corollary for Koreans to understand "the

other one island" in the aforesaid Document, as Dokdo Islets', that is, an attached Islets to her Mother Island(Ullung), but some Japanese demanded to verity the one island. Now "the other one island" has been verified as "Dokdo Isles" by the Map.

② With the Map, Japanese cabinet decision to annex "Dokdo Islets" to Japan in 1905 can not be justified by international law without being estopped.

③ It is verified with the Map that even the former Japanese government treated "Dokdo Islets" as the attached to Ullung Island as Koreans do.

A. Background of the Document
① Map-Making Project by Japanese government
· After so-called Meiji Restoration(1868)

New Japanese government was busy with its modernization Projects in various fields under the strong leadership of famous political leader and Minister of Home Affairs Ohkubo Doshimichi(大久保利通), and making a formal Map of Japan was undergone by the Ministry. In the year 1876, Japanese Home Affairs Ministry received an inquiry letter in regard to the map-making from Shimane Province, asking if it was right or not for the Province to include in its jursiditional boundary "Ullung Island and Dokdo Islets". Having intensely studied the issue for about five months, the Ministry reached to the conclusion that both the islands belonged to the Korean Kingdom. The Ministry, however, decided to confirm the fact before reply to the Shimane Province to the office of

Dai Jo Kan(太政官, at present time, prime minister) in appreciation of the importance of territory issue.[108]

② Japanese Dai Jo Kan responded to the said inquiry (dated 17 March 1877) of Home Affairs Ministry on 29 March 1877, concluding that both the two islands did not belong to Japan(implying both the islands belonged to Korean Kingdom).

B. Major Factors To be Reviewed
① Dai Jo Kan's Reply to the Ministry.
　: " Takeshima island and the other one Island on which you
　have raised question to title, have nothing to do with
　my country(Japan), and you should bear this fact in mind."
② The evidence on which Dai Jo Kan's conclusion stands in the Document;
"The result of the consultations between former Japanese government and the other State concerned' held since one Korean arrived in Japan", suggests the conclusion of Dai Jo Kan stood on the international agreement reached between former Japanese government and Korean Kingdom.
③ The Korean who was mentioned in Dai Jo Kan Document was Korean fisherman Ahn yong Bok(安龍福)

---

108) Shin Yong Ha, Kingdom of Korea's title to Dokdo Islets and Imperial Japanese Invasion to Dokdo Islets (Korean Research History on the Title to Dokdo), (Seoul: Dokdo Research & Preservation Association, 2003),pp.158-59.

kidnapped to Japan in 1693 by Japanese fishermen who were scolded by Ahn for illegal catching fish around Korean Dokdo Islets. Arriving in Japan he protested against Japanese government officials on Japanese fishermen's illegal fishing around Korean islands in his fluent Japanese. Japanese government ranking officials promised him to prohibit Japanese fishermen's such illegal fishing around Ullung and Dokdo Islets. However, such illegal fishing by Japanese fishermen continued after his return to Korea. He visited to Japan in 1696, and this time he feigned as a Korean government official in charge of custom duties collector arriving in Japan and met governor of Hakishu Province and renewed former protest to get same promise from Japan.[109]

His protest led to the consultations between Kingdom of Korea and Japan. After his return to Korea, he was punished for feigning as government official overseas, and simultaneously was applauded for his contribution to protect Korean islands including "Dokdo Islets". His prison term was commuted.

C. Commentary

① The highest Japanese Government official's formal reply (the said Dai Jo Kan Document) to the inquiry from Ministry of Home Affairs clearly stated that "Takeshima and the other one island located in the Sea

---

109) Shin Yong Ha, Dokdo Islets Dispute between Republic of Korea and Japan, (Seoul: Han yang University Press, 2003), p.133.

of Japan have nothing to do with Japan" implying that both the Island and Islets belong to the Korean Kingdom. and this formal reply provides with the most effective evidence[110] for Korean title to the "Dokdo Islets". In the Map attached to the Document, Takeshima indicated at the time as "Ullung island", and the other one Island, "Dokdo Islets" respectively.

② The said Dai Jo Kan Document treated "Dokdo Islets" as the attached to Ullung Island since in the Document even

Dai Jo Kan indicated "Take Island(Ullung Island) and the other one Island" rather than enumerating it(the other one island) as "Matsshima(Dokdo Islets)" as shown in the quoted Map attached to the Dai Jo Kan Document.

③ It is generally accepted in international customary law that

an attached island in the remote sea takes in general her mother island's nationality.[111]

④ The evidence on which Dai Jo Kan's decision stands demonstrates the agreement which was reached to as the result of consultations having been held between the States concerned, Japan and the Kingdom of Korea. Professor Sandifer emphasizes such an agreement between States provides with the most effective evidence

---

110) Durward V. Sandifer, op.cit.,supra note 1), p.208.
111) Max Huber, Arbitral Award Respecting Sovereignty over the Island of Palmas(or Miangas), April 4, 1928,(American Journal of International law), P.894:"As regards groups of islands, it is possible that a group may under certain circumstances be regarded as in law a unit and that the fate of the principal part may involve the rest."

in international tribunals.[112]

⑤ The photo copy Map of title "Takeshima" including "Dokdo Islets" with the name of Matsshima"(at the time, Japanese called "Dokdo Islets" as "Matsshima") attached to Dai Jo Kan Document was revealed for the first time in the Republic of Korea by Dr. Sunwoo Young June on a subway paper and the Chosun Daily, Seoul dated 14 September 2006.

It has been a corollary for Koreans to understand "the other one island" in the said Dai Jo Kan Document as "Dokdo Islets", but some Japanese demanded to verify if "the other one Island" was the "Dokdo Islets". Now that, "the other one Island" has been verified by the very Dai Jo Kan Document. Can Japanese Government and minority Japanese people continue to claim to "Dokdo Islets" legally on the basis of Japanese cabinet's clandestine decision of annexation of "Dokdo Islets" as terra nullius in 1904 without being estopped by the said Dai Jo Kan Document dated 29 March 1877 ?

3. The clandestine annexation of Dokdo Islets by Japanese Government(28 January 1905)

A. The Photo Copy of the Decision of the Japanese Cabinet Meeting[113] for Clandestine Annexation of

---

[112] Durward V. Sandifer, op. Cit., supra note 1), p.208.
[113] Shin Yong Ha, Study of Resources On Sovereignty Over Dokdo(Vol.2,1999), p.280.

"Dokdo Islets" (28 Jan. 1905).

明治三十八年一月二十八日閣議決定

別紙內務大臣請議無人島所屬ニ關スル件ヲ審議スルニ、右ハ北緯三十七度九分三十秒東經百三十一度五十五分隱岐島ヲ距ル西北八十五浬ニ在ル無人島ハ他國ニ於テ之ヲ占領シタリト認ムヘキ形迹ナク、一昨三十六年本邦人中井養三郎ナル者ニ於テ漁舎ヲ構ヘ、人夫ヲ移シ獵具ヲ備ヘテ海驢獵ニ着手シ今回領土編入並ニ貸下ヲ出願セシ所、此際所屬及島名ヲ確定スルノ必要アルヲ以テ、該島ヲ竹島ト名ケ自今島根縣所屬隱岐島司ノ所管ト爲サントスト謂フニ在リ、依テ審査スルニ明治三十六年以來中井養三郎ナル者該島ニ移住シ漁業ニ從事セルコトハ關係書類ニ依リ明ナル所ナルハ國際法上占領ノ事實アルモノト認メ、之ヲ本邦所屬トシ島根縣所屬隱岐島司ノ所管ト爲シ差支無之儀ト思考ス依テ請議ノ通閣議決定相成可然ト認ム

[Unauthentic translation by the Author]

"This decision of the cabinet was made on 28 January Msiji Rein 38th year(1905). Having deliberated the application for claim over an "terra nullius island" which is located at North latitude 37°9′ 30″, East longitude 131°55″, 85 nautical miles afar from Oki island, the Minister of Home Affairs Ministry put the application on the table for the decision by the cabinet meeting. The cabinet meeting found no trace potential to recognize any occupation of the island by foreign country. In Meiji Rain 36th year(1903), however, one Japanese named Nakai Ryosaburo built a fishing hut and brought labourers and catching equipments to the island, and started to catch sea lions. Recently, he lodged an application with the Ministry concerned for annexation of the said island into Japan so that the government may lease the island for him to run the fishery. On this occasion, the cabinet meeting finds it necessary to decide whether to annex the island and to give a name for the island as "Takeshima", placing the island under the jurisdiction of the Chief, Oki island or not, examining the application. Having examined Nakai's application, it was confirmed that Nakai migrated to the island and engaged in the catching fishes. Thus, the fact of occupation of the island has been fulfilled a requirement by international law concerned.

Thus, recognizing the said occupation of the island, the cabinet meeting finds it reasonable for the government to annex the island to Japan and to place the island under the jurisdiction of Chief, Oki island, and approve the said application as applied."

B. Factors To Be Reviewed.

(1) Dai Jo Kan of Meji Government made the decision that "Takeshima and the other one island" had nothing to do with Japan, thereby implying that "the other one island" was "Dokdo Islets" belonged to the Kingdom of Korea in light of the Map attached to Dai Jo Kan Document. On what legal ground did the Japanese cabinet of the same Meiji government decided to annex the "Dokdo Islets" to Japan on 28 January 1905 as if the Islets were as terra nullius in denying the decision made by the said Dai Jo Kan Document dated 29 March 1877 ?

(2) The Japanese cabinet's decision was made on 28 January 1905 in midst of Russo-Japanese War(1904-

1905), Japanese fleet launched attack against Russian Navy ships VARYAG and KOREYETS at the port Inchon on 28 January (Gregorian February 9) [114]1904.

On 28 January 1905, the first anniversary of breaking out the Russo-Japanese War, and at the time of anticipating the victory of the War before long following the occupation of Port Arthur by Japanese armed forces, Japanese cabinet made a clandestine decision to annex the "Dokdo Islets", and it might appear that the Japanese cabinet made a wrong decision in celebrating a victory in advance at an early day with a wrong trophy of War by taking mistakingly Korean "Dokdo Islets"

(3) During the Russo-Japanese War, Japanese Navy ship "Niitaka". (新高號) dropped in a port in Korean Ullung island in order to collect various informations on the Dokdo Islets from Korean fishermen who had been to the Islets in advance before the navy ship set sail for the Islets for the purpose of on-the-site investigation of general situation of the Islets. The Japanese navy ship left the Korean Ullung island on 24 September 1904 toward to "Dokdo Islets".

The log on the next day of the Japanese navy ship "Nitaka"reads:

"Koreans call Liancourt Rocks as "Dokdo Islets", while Japanese fishermen call as the Islets "Liancourt Rocks",

---

[114] Captain Anatoly Kipinsky, VARYAG(New), Brochure, distributed on 9 February 1997 in port Inchon.

which consist of two   Rocky islands, the higher is West island with height of about 400feet, while East island, comparatively low with grass and not so steep like the West. On the top of the East island some space of land rests with soil sufficient to build two or three barracks; "115)

(4) Even Nakai Ryosaburo himself believed that "Dokdo Islets" belonged to the Kingdom of Korea, but being influenced by Hydrography Bureau, Japanese Navy, he lodged the aforesaid application to the Ministry concerned according to his personal history.

Nakai submitted his personal history together with "Project Management Summary" to Shimane Province in the year 1910, and some part of the Summary is quoted below for the readers to see Nakai's own stance in thinking over the "Dokdo Islets."

: "Takeshima Management,

... Bearing in my mind that this island is the attached one to the Korean island "Ullung island", I thought I might go to Korea in order to have something to do with Japanese Resident-General, Korea.

With the intention, I went to Tokyo in order to find some way to proceed to the said purpose. In the course of seeking the way, I   came to meet Director-General Maku Bokumasaa(牧朴眞)of Department of Hydrography of Japanese Navy and could think in a   different way

---

115) Shin Yong Ha, Dokdo Islets Dispute between Republic of Korea and Japan,(Soul: Han Yang Univ. press, 2003), p.88.

that "Dokdo Islets" might not necessarily belong to the Kingdom of Korea, and at last met General Gimofu(肝付), Director-General ,Department of Hydrography, Japanese Navy who made me convinced of Dokdo Islets" as a terra nullius..."[116]

C. Commentary

① Under the same Meiji Government, Dai Jo Kan(at present time, prime minister) made the final decision on the ground of the International agreement reached to after consultations between Japan and the Kingdom of Korea on 29 March 1877 that "Dokdo Islets" had nothing to do with Japan, implying that the Islets belonged to the Kingdom of Korea. Then, during the Russo-Japanese War on 28 January 1905, could the Japanese cabinet make legal decision to annex the Dokdo Islets", not a terra nullius, to Japanese territory without being estopped by denying the aforesaid Dai Jo Kan Document?

Japanese Government, however, indicated that Shimanae provincial government Notification No.40 based upon the aforesaid clandestine and illegal Japanese cabinet decision to annex "Dokdo Islets" dated 28 January 1905 as the legal ground for Japan to claim over title to "Dokdo Islets" by its Note Verbale No. 186/A2 dated 13 July 1953 as the following:

" In the case of Takeshima, the Japanese Government, prior to the Annexation of Korea, placed the island under the jurisdiction of the head of Okishima belonging to

---

116) Ibid. pp.159-60.

Shiman Prefecture by Notification No. 40 of the Prefectural Government under date of February 22nd of the 38th year Meiji(1905)"

As we have already reviewed the said Japanese cabinet decision of illegal annexation of "Dokdo Islets" in 1905 by photo copy of it, the so-called "Notification No. 40 of the Shimae Prefectural Government" mentioned in the above Note Verbale must be based upon the illegal Japanese cabinet decision[117] and I do not like to refer thereon here but for the fact that local government without the capacity to engage in diplomatic or a foreign relations, has nothing to do with notification of new land acquired (because such function of notification belongs to sovereignty activities) in light of international law.

Thus, the proper understanding of the legal status of "Dokdo Islets", to my view, is that the Islets fall within the purview of the "territories" specified in the following terms of the Cairo Declaration:

"Japan will also be expelled from all other territories which she has taken by violence and greed"

Therefore, the Supreme Commander for the Allied Powers completely separated governmentally and administratively from Japan by means of excluding "Dokdo Islets" from definition of Japan in accordance with (8) of the Potsdam Declaration which explicitly provides "The terms of the Cairo Declaration shall be carried

---

[117] Rebecca M.M. Wallace, International Law,(London: Sweet 8 Maxwell, 19970, p.93.

out..." by SCAPIN No.677(29 January 1946 as well as completely separating "Korea" Thus Korean people established Republic of Korea on 15 August 1948 about four years earlier to coming into force of the Peace Treaty with Japan in 1952.

As "Dokdo Islets" were illegally annexed during the Russo-Japanese War by Japanese cabinet decision in 1905, it may be necessary to look into the situations in the time of Russo-Japanese War around Korean peninsula. I think that the outstanding evaluation of the situation around Kingdom of Korea during the said War by professor Van Dyke will help the readers understand the fate of Dokdo Islets deprived illegally at the time, I am pleased to quote herewith professor Van Dyke's[118]):

"Japan's increasing influence in Korea During the Russo-Japanese War.

Although Korea took a neutral stance in the Russo-Japanese War, Japan sent troops into Seoul and compelled Korea to sign a protocol agreement on February 23, 1904, which reads:

For the purpose of maintaining a permanent and solid friendship between Japan and Korea and firmly establishing peace in the Far East, the Imperial government of Korea shall place full confidence in the Imperial government of Japan and adopt the advice of the latter in regard to improvements in administration ... [T]he Imperial government of Japan definitely guarantees

---

118) Jon M. Van Dyke, op. cit., supra note 6), p.173.

the independence and territorial integrity of the Korean Empire.

... This protocol marked the moment when Korea lost its ability to act independently on world stage: "Korea was deprived of its rights to conduct diplomacy and its sovereignty and independence by this protocol signed on February 23, 1904, not by the Protectorate Treaty concluded on November 17, 1905."

② Not only Nakai Ryosaburo but also Japanese Navy ship"Nii Taka" in 1904, one year before Japanese illegal annexation of Dokdo Islets, indicated that Koreans call Liancourt Rocks as "Dokdo Islets" and the Islets belong to the Kingdom of Korea and the aforesaid Dai Jo Kan Document as well.

How could such a Japanese illegal annexation in 1905 of the Dokdo Islets which were not a terra nullius, be justified?

C. The "Dokdo Islets" and "Korea" in SCAPIN No. 677 attribute to such terms as "...all other territories she(Japan) has taken by violence or greed" in Cairo Declaration, I think.
My stance of the view may well be verified by following abstracts from Statements, Proclamation etc. to Korea and Her People by President of the U.S., General MacArthur and General Arnold, Military Governor, Korea, of U.S. Army issued immediately after World War II.

(1) The Statement On the Liberation of Korea by the U.S. President Harris S. Truman (18 Sept. 1945)

 : " The surrender of the Japanese forces in Seoul, ancient Korean capital, heralds the liberation of a freedom-loving and heroic people. Despite their long and cruel subjection under the warlords of Japan, the Koreans have kept alive their devotion to national liberty and to their proud cultural heritage. This subjection has now ended. In this moment of liberation we are mindful of the difficult tasks which lie ahead. The building of a great nation has now begun with the assistance of the United States, China, Great Britain, and the Soviet Union, who are agreed that Korea shall become free and independent. The American people rejoice in the liberation of Korea as the Taegook-kee. the ancient flag of Korea, waves again in the Land of the Morning Calm.

(2) The Proclamation to the People of Korea by
   General Douglas MacArthur(7 Sept. 1945)

[Abstract]: "As Commander-in-chief, United States Army Forces, Pacific, I do hereby proclaim as follows:

By the terms of the Instrument of Surrender signed by command and in behalf of the Emperor of Japan and the Japanese Imperial General Headquarters, the victorious military forces of my command will today occupy the territory of Korea south of 38 degrees north latitude.
Having in mind the long enslavement of the people of

Korea and the determination that in due course Korea shall become free and independent, the Korean people are assured that the purpose of the occupation is to enforce the instrument of Surrender and to protect them in their personal and religious rights. In giving effect to these purposes, your active aid and compliance are required..."

(3) Ordinance No. 19(30 Oct. 1945) by General A. V. Arnold, Office of Military Governor, U.S. Army Forces in Korea

[Abstract]: "Section 1 Declaration of National Emergency
After four long years of war. from which they emerged victorious, American Forces landed upon your shores as the friends and protectors of the Korean people. They came for the avowed purpose of requiring the complete and permanent eviction of all Japanese military forces from Korea and eliminating all Japanese militaristic and nationalistic ideology. In addition to that objective. the Military Government was instructed to take steps to effect complete political and administrative separation of Korea from Japanese social, economic, and financial control; to facilitate development of a sound Koran economy and to work towards the restoration of a free, independent and responsible Korea.
The program of Military Government included taking over all Japanese property as rapidly as possible for the benefit of the Korean people, relieving labor form the

condition of absolute servitude under which it had existed for the last four years, returning to the farmers the lands which had been wrested from them by Japanese guile and treachery, and giving to the farmer a fair and just proportion of the fruits of the sweat and labor, restoring the principles of a free market, giving to every man, woman and child within the country equal opportunity to enjoy his just and fair share of the great wealth which this beautiful nation has been endowed.

Upon the arrival of the American Forces, the Americans found that to support the war Japan drained food and other living commodities from Korea until she was weak from starvation. Production of consumer goods has all but ceased. There was a wholesale embezzlement of Government funds. The currency has been, deliberately inflated.

4. On Professor Sharma's View on "Dokdo Islets"

Professor Surya P. Sharma used more than three pages in introducing "Dokdo Islets" dispute between Japan-Korea under the title "the Major Contemporary Territorial Disputes - Claims and Legal Perspectives " in his work.119)

Reading his stance in regard to "Dokdo Islets", I found several questions rising in my mind, and like to reveal

---

119) Surya P. Sharma, Territorial Acquisition, Disputes and International Law,(The Hague, Boston, London,: Martinus Nuhoff Publishers, 1997), pp. 291-94.

herewith, showing my views thereon

(1) As a Korean, I do not like to recognize any existence of normal territorial dispute on title to "Dokdo Islets"

between Republic of Korea and Japan. Because, the Islets are Korean territory, in historic, geographic, legal and practical, effective and continuous control aspects. I wonder if he traced the aforesaid Japanese Dai Jo Kan Document dated 29 March 1877 which may provides professor Sharma with valuable sources to approach directly to this dispute issue, I believe.

(2) Based upon the agreement after several years of consultations between former Japanese government and the other State concerned, Japanese government top official Dai Jo Kan decided on 29 March 1877 that the Islets have nothing to do with Japan, implying that the Islets belonged to Korea and were not terra nullius in view of the Map attached to Dai Jo Kan document. In this light, I do not understand on what basis professor Sharma treats this "Dokdo Islets" issue similar to Minquire and Ecrehos Islets Case because he writes "The facts of this dispute resemble, up to a degree, those in the Minquire and Ecrehos Case". Further more, SCAPIN No. 677(29 Jan. 1946) after the World War II as a means of effectuating Japanese Surrender Terms "(8) of the Potsdam Declaration", explicitly excluded "Dokdo Islets" from the definition of Japan, I can not find any such similar action as SCAPIN No. 677taken by either

domestic or international agency in the Minquire and Ecrehos Islets Case.

(3) The conclusive words of professor Sharma in regard to "Dokdo Islets" issue disappointed me so seriously that I really do not like quote it here, but for the readers to have comparative views. I do below.
:"...the Resolution would require balancing the relative merits of the bodies of evidence adduced by two sides."[120]

The reasons why I so disappointed with professor Sharma's conclusive words in regard to the "Dokdo Islets" issue can be said that he appears to disregard the principle of estoppel[121] in regard to the illegal Japanese cabinet annexation of "Dokdo Islets" to Japanese territory in 1905, and the fact after WWII, CAPIN No. 677 explicitly excluded "Dokdo Islets" from the definition of Japan. I wonder if professor Sharma shares with professor Kanae Daijudo's[122] view of it:" the SCAPIN No.677 was expressly concerned just with administrative functions and not with sovereignty". Professor Kanae Daijudo also stated that "SCAPIN No. 677 was a

---

120) Ibid. p.294.
121) Ian Brownlie, Principles of Public International Law,(Fifth Ed.),(Oxford Univ. Press, 2002), p.158: " Resting on good faith and the principle of consistency in state relations, estoppel may involve holding a government to a declaration which in fact does not correspond to its real intention.
122) Kanae Daijudo, The Dispute between Japan and Korea Respecting Sovereignty over Takeshima, the Japanese Annual of International Law, No.10(1966), p.13, professor Sharma's p.263.

temporally Allied Occupation measure, which did not have the effect of separating Takeshima from Japanese territory". Professor Kanae should have overlooked such power of SCAP as "to take any steps deems advisable and proper by you(him) to effectuate the Surrender and Provision of the Potsdam Declaration" given to him by the President of the U.S. for the Allied Powers. Then professor Sharma would be in the place to answer on what legal ground except the "separation of Korea from Japan by the SCAPIN No.677 simultaneously with "Dokdo Islets" excluded from definition of Japan, Korean people could establish the Republic of Korea on 15 August 1948 about four years earlier than the coming into force of the Peace Treaty and Japanese restoration of her full sovereignty.

The newly created Republic of Korea on 15 August 1948 took over the authority to rule the State from the U.S. Army Military Government in Korea via U.S. State Department Mission on the same day, because "Dokdo Islets" and "Korea" had been completely separated legally[123] from Japan by the aforesaid SCAPIN No. 677(29 January 1946). The "Evaluation Report of Head of Mission"[124] by Ambassador Muccio will help brighten the nature of the Subject of SCAPIN No.677 "Governmental

---

[123] Although the Annexation of Korea by Japan was effectively terminated with the occupation of that country by the armed forces of the Soviet Union and the United States in August and September in 1945, Korea was legally separated from Japan by SCAPIN No. 677 dated 29 January 1946.

[124] The Evaluation Report of Head of Mission: by Ambassador John J. Muccio: Declassified: on 28 March 2006, NARA(U.S.A.)

and Administrative Separation of Certain Outlying Areas from Japan" so far as concerned with the Republic of Korea which was promised for Koreans to create a new country by the agreement between the Three Great Heads of the Allied Powers, the U.S. President Franklin Roosevelt, Chinese Generalissimo Chiang Kai Sheik and British Prime Minister Winston Churchill in Cairo Declaration on 1 December 1943, with which the Soviet Union associated itself upon its declaration of War against Japan on August 8, 1945.

* Evaluation Report of Head of Mission:
Ambassador Jon J. Muccio, Seoul, Korea(March 29, 1950)
:"Ambassador Muccio assumed his duties at Seoul in Augusts 1948 immediately following the inauguration of the newly created Republic of Korea and the simultaneously termination of U.S. Army Military Government in Korea. He was confronted at the outset with the formidable task of overseeing the dual transfer of responsibility from Military Government to the State Department mission on the one hand and to the new Korean Government on the other."

*The Statement of the United States Government On Assignment of John J. Muccio as the Special Representative To Korea(August 12, 1948):
" In the Joint Declaration issued at Cairo on December 1, 1943, the three subscribing powers-the United States,

China, and Great Britain-expressed their determination "that in due course Korea shall become free and independent". This determination was reaffirmed in the Potsdam Declaration of July 26, 1945, with which the Soviet Union associated itself upon its declaration of war against Japan on August 8 of that year. On December 27, 1945 On December 27, 1945, in Moscow the Foreign Ministers of the Soviet Union, the United States, and Great Britain concluded an agreement later adhered to by the Government of China, designed to re-establish Korea as an independent state.

Although the annexation of Korea by Japan was effectively terminated with the occupation of that country by the armed forces of Soviet Union and the United States in August and September 1945,the freedom and the independence of Korea so solemnly pledged by the Four Powers have proved slow of realization. After nearly two years of painstaking but unavailing effort to give effect to those pledge through negotiations with the other occupying power, the United States Government, on September 17, laid the problem of Korean independence before the General Assembly of the United Nations. The will of an overwhelming majority of that body was expressed in the resolutions adopted by it on November 14, 1947, the purpose of which was to make it possible of the Korean people to attain their long sought freedom and independence through the holding of the free and democratic elections and the establishment, on the basis thereof, of a national government.

In pursuance of those resolutions, elections were held in Korea n May 10 of this year, under the observation of the United Nations Temporary Commission on Korea, for the purpose of electing representatives to a National Assembly which might in turn form a government. The National Assembly so elected convened on May 31 and proceeded to form a government- a government in which it is hoped that the people of north korea, who were prevented from participating in May 10 elections by the refusal of the Soviet Union to permit the implementation of the General Assembly Resolutions in its zone of occupation, will be free in due course to assume their rightful role. Notification of the formation of the new government was communicated to the United Nations Temporary Commission on Korea on August 6, 1948.

It is the view of the United States Government that Korean Government so established is entitled to be regarded as the Governmen of Korea envisaged by the General Assembly resolution of November 14, 1947. Pending consideration by the General Assembly at its forthcoming Third Session of the report of the United Nations Temporary Commission on Korea, the United States, pursuant to its responsibility as occupying power, is sending to Seoul a special representative who will be authorized to carry on negotiations with that Government, in consultation with the United Nations Temporary Commission on Korea, concerning the implementation of the further provisions set forth in paragraph 4 of the second of the General Assembly resolutions of November 14, 1947. As such special representative the President has named John J. Muccio of Rhode Island, who will have the personal rank of Ambassador."

5. On Article 107, Charter of the UN. and SCAPIN No.677(29 January 1946)

The Article 107: "Nothing in the present Charter shall invalidate or preclude action, in relation to any state which during the Second World War has been an enemy of any signatory to the present Charter, taken or authorized as a result of that war by the Governments having responsibility for such action."

 The aforesaid SCAPIN No.677 was issued by the SCAP who was given " the power to take any steps deemed advisable and proper by you to effectuate the surrender and the provisions of the potsdam Declaration" from President of the United States for the Allied Powers, and in addition to the power aforementioned, he was directed by the President to "take appropriate steps" in Japan to effect the complete governmental and administrative <u>separation</u> from Japan of (1)…(3)Korea …(5)such other territories as may be specified in future directive."
 With all the powers and the aforesaid directive, SCAP issued the said SCAPIN No.677 on 29 January 1946 as a

means of effectuating Japanese surrender. In this light of view, I can firmly believe that the exclusion of "Dokdo Islets" from definition of Japan and the separation of "Korea" from Japan in the provision of SCAPIN No.677 falls within the purview of Article 107 of the Charter of UN.[125] Because, the aforesaid provision, particularly, of both the "Dokdo Islets" and "Korea" attributes to the (8) of Potsdam and Cairo Declarations.

III. Conclusion

---

[125] Bruno Simma(Edited), The Charter of the United Nations (A Commentary, Second Edition, Vol.II) (Oxford Univ. Press, 2002), pp.1332-34:
"Agreements concluded by the Allies that fall within the scope of this exception of the Charter include those of Yalta and Potsdam, the reparations arrangements(including the respective waivers), and the peace treaties between enemy States and victorious powers. Article 107 exempted the responsible governments from the obligations of the Charter in the following cases: treaty arrangements concerning the results of the war; authoritative actions such as the occupation of enemy territory, the debellatio; the detachment of enemy territory in the sense of Art. 77(1)(b); the exercise of Occupational power, including the administration of occupation law enacted by the Allies;

Ebid., p.1332:
"III. The Continuing Effect of Pre-admission Actions.
What is necessary, however, is a clarification regarding those measures taken or authorized as a result of the Second World War before the admission of the enemy States. Article 107 remains applicable for these measures, because they continue to have effect, and their validity was not affected by the admission of the former enemy States. Because of these continuing effects, Art. 107 has retained a certain legal significance with regard to the decisions and Allied directives concerning Germany as a whole, because the UN has no jurisdiction over these earlier measures. They were not invalidated by the Charter."

We have reviewed a variety of official documents and records including treaties and official actions taken by the Occupation Authority after WWII in relation to "Dokdo Islets". We confirmed the legal ground that "Dokdo Islets" belong to Korean territorial sovereignty in light of International law. On the other hand, we found so-called Japanese claim over the Islets has no legal ground, and particularly the clandestine decision of the Japanese cabinet in 1905 to annex the Islets to Japanese territory breached the doctrine of estoppel in international law, denying Japanese former decision executed by Dai Jo Kan in 1877.

It, therefore, is the author's firm belief that so-called "Dokdo Islets" issue between Republic of Korea and Japan can not be a legal issue, but may be a Japanese political issue again. In mid 19c, the most famous Japanese Samurai and scholar was Yoshida Shoin(吉田松陰). He was told with the view that so populous Japan lives in comparatively so narrow a land and stressed as a solution of the problem to move ahead to the continental Asia, stating that "Takeshima (at the time, Korean Ullung island) would be the first stepping stone for the Japanese to move ahead to Korea and Manchuria."[126] The aforesaid view of Yoshida Shoin was also introduced by professor W. G. Beasley(London University) in his work
"Modern History of Japan" as below:

---

[126] Heincih Dummolin, Yoshida Shoin(吉田松陰), the Spiritual Origin of Meiji Restoration(明治維新의 精神的起源), Translated and Compiled by Higashi Nakano shudo(Tokyo:Minami madosha, 1974),p.56.

"... there were still some, like Yoshida Shoin, who had thought survival impossible without a continental foothold. A number of the Meiji leaders, several of them Yoshida's students, shared this view. They were strengthened in it by the activities of Saigo Takamori."

But, I have a hope that the "Dokdo Islets" issue will smoothly be solved before long because it is not the 19c, but 21c, so-called global village, moving together hand in hand for peace and mutual
prosperity. Furthermore, it is my understanding that not all the Japanese people but a handful of minority Japanese are still in "greed" for the Islets in vain. Without smoothly solving the "Dokdo Islets" issue and historic issue, etc. between two countries, how can both the Republic of Korea and Japan conclude FTA, etc., for mutual prosperity in future?

We. Koreans, however, should be always careful about those greedy Japanese though they are minority in number, of particularly their activities selling something similar to condominium over the Islets until they give up completely their illegal, unreasonable and futile greed for "Dokdo Islets", the symbol of the independence of the Republic of Korea. We must also be careful too about pedantic Korean who might confuse the meaning of territorial jurisdiction which excludes that of other country, if any,

Concluding this study, let me raise a simple question:
"Can it be possible for the minority Japanese, still in

"greed" for the "Dokdo Islets", to claim sovereignty over the Islets without violating the provision of Article 107 of the Charter of the United Nations?

- the End -

기미 독립 선언문(己未獨立宣言文)

선언서(宣言書)

 오등(吾等)은 자(玆)에 아(我) 조선(朝鮮)의 독립국(獨立國)임과 조선인(朝鮮人)의 자주민(自主民)임을 선언(宣言) 하노라. 차(此)로써 세계 만방(世界萬邦)에 고(告)하야 인류 평등(人類 平等)의 대의(大義)를 극명(克明)하며 차(此)로써 자손만대(子孫萬代)에 고(誥)하야 민족 자존(民族自存)의 정권(正權)을 영유(永有)케 하노라.
 반만년(半萬年) 역사(歷史)의 권위(權威)를 장(仗)하야 차(此)를 선언(宣言)함이며 이천만(二千萬) 민중(民衆)의 성충(誠忠)을 합(合)하야 차(此)를 포명(佈明)함이며, 민족(民族)의 항구 여일(恒久如一)한 자유발전(自由發展)을 위(爲)하야 차(此)를 주장(主張)함이며, 인류적(人類的) 양심(良心)의 발로(發露)에 기인(基因)한 세계 개조(世界改造)의 대기운(大機運)에 순응 병진(順應 幷進)하기 위(爲)하야 차(此)를 제기(提起)함이니, 시(是)ㅣ천(天)의 명명(明命)하며, 시대(時代)의 대세(大勢)ㅣ며, 전 인류(全人類) 공존 동생권(共存同生權)의 정당(正當)한 발동(發動)이라, 천하 하물(天下何物)이던지 차(此)를 저지 억제(沮止抑制)치 못할지니라.
 구시대(舊時代)의 유물(遺物)인 침략주의(侵略主義), 강권주의(強勸主義)의 희생(犧牲)을 작(作)하야 유사이래(有史以來) 누천년(累千年)에 처음으로 이민족(異民族) 겸제(箝制)의 통고(痛苦)를 상(嘗)한 지 금(今)에 십년(十年)을 과(過)한지라. 아(我) 생존권(生存權)의 박상(剝喪)됨이 무릇 기하(幾何)ㅣ며, 심령상(心靈上) 발전(發展)의 장애(障碍)됨이 무릇 기하(幾何)ㅣ며, 민족적(民族的) 존영(尊榮)의 훼손(毀損)됨이 무룻 기하(幾何) ㅣ며, 신예(新銳)와 독창(獨創)으로써 세계문화(世界文化)의 대조류(大潮流)에 기여보비(寄與補裨)할 기연(機緣)을 유실(遺失)함이 무릇 기하(幾何)ㅣ뇨.

 희(噫)라, 구래(舊來)의 억울(抑鬱)을 선창(宣暢)하려 하면, 時下(시하)의 苦痛(고통)을 擺脫(파탈)하려 하면, 장래(將來)의 협위(脅威)를 삼제(芟除)하려 하면, 민족적(民族的) 양심(良心)과 국가적(國家的) 염의(廉義)의 압축 소잔(壓縮銷殘)을 흥분 신장(興奮伸張)하려 하면, 각개(各個) 인격(人格)의 정당(正當)한 발달(發達)을 수(遂)하려 하면, 가련(可憐)한 자제(子弟)에게 고치적(苦恥的) 재산(財産)을 유여(遺與)치 안이하려 하면, 자자손손(子子孫孫)의 영구 완전(永久完全)한 경복(慶福)을 도영(導迎)하려 하면, 최대 급무(最大急務)가 민족적(民族的) 독립(獨立)을 확실(確實)케 함이니, 이천만(二千萬) 각개(各個)가 인(人)마다 방촌(方寸)의 인(刃)을 회(懷)하고, 인류 통성(人類通性)과 시대 양심(時代良心)이 정의(正義)의 군(軍)과 인도(人道)의 간과(干戈)로써 호원(護援)하는 금일(今日), 오인(吾人)은 진(進)하야 취(取)하매 하강(何强)을 좌(挫)치 못하랴. 퇴(退)하야 작(作)하매 하지(何志)를 전(展)치 못하랴.

 병자수호조규(丙子修好條規) 이래(以來) 시시종종(時時種種)의 금석맹약(金石盟約)을 식(食)하얏다 하야 일본(日本)의 무신(無信)을 죄(罪)하려 안이 하노라. 학자(學者)는 강단(講壇)에서, 정치가(政治家)는 실제(實際)에서, 아(我) 조종 세업(祖宗世業)을 식민지시(植民地視)하고, 아(我) 문화 민족(文化民族)을 토매인우(土昧人遇)하야, 한갓 정복자(征服者)의 쾌(快)를 탐(貪)할 뿐이오, 아(我)의 구원(久遠)한 사회기초(社會基礎)와 탁락(卓犖)한 민족심리(民族心理)를 무시(無視)한다 하야 일본(日本)의 소의(少義)함을 책(責)하려 안이 하노라.

 자기(自己)를 책려(策勵)하기에 급(急)한 오인(吾人)은 타

(他)의 원우(怨尤)를 가(暇)치 못하노라.

　현재(現在)를 주무(綢繆)하기에 급(急)한 오인(吾人)은 숙석(宿昔)의 징변(懲辨)을 가(暇)치 못하노라.

　금일(今日) 오인(吾人)의 소임(所任)은 다만 자기(自己)의 건설(建設)이 유(有)할 뿐이오, 결(決)코 타(他)의 파괴(破壞)에 재(在)치 안이하도다. 엄숙(嚴肅)한 양심(良心)의 명령(命令)으로써 자가(自家)의 신운명(新運命)을 개척(開拓)함이오, 결코 구원(舊怨)과 일시적(一時的) 감정(感情)으로써 타(他)를 질축 배척(嫉逐排斥)함이 안이로다.

　구사상(舊思想), 구세력(舊勢力)에 기미(羈縻)된 일본(日本)은 위정가(爲政家)의 공명적(功名的) 희생(犧牲)이 된 부자연(不自然), 우(又) 불합리(不合理)한 착오상태(錯誤狀態)를 개선광정(改善匡正)하야, 자연(自然), 우(又) 합리(合理)한 정경대원(正經大原)으로 귀환(歸還)케 함이로다.

　당초(當初)에 민족적(民族的) 요구(要求)로서 출(出)치 안이한 양국 병합(兩國倂合)의 결과(結果)가, 필경(畢竟) 고식적(姑息的) 위압(威壓)과 차별적(差別的) 불평(不平)과 통계 수자상(統計數字上) 허식(虛飾)의 하(下)에서 이해상반(利害相反)한 양(兩) 민족 간(民族間)에 영원(永遠)히 화동(和同)할 수 없는 원구(怨溝)를 거익심조(去益深造)하는 금래실적(今來實績)을 관(觀)하라. 용명과감(勇明果敢)으로써 구오(舊誤)를 확정(廓正)하고, 진정(眞正)한 이해(理解)와 동정(同情)에 기본(基本)한 우호적(友好的) 신국면(新局面)을 타개(打開)함이 피차간(彼此間) 원화소복(遠禍召福)하는 첩경(捷徑)임을 명지(明知)할 것 안인가. 또 이천만(二千萬) 함분축원(含憤蓄怨)의 민(民)을 위력(威力)으로써 구속(拘束)함은 다만 동양(東洋)의 영구(永久)한 평화(平和)를 보장(保障)하는 소이(所以)가 안일 뿐 안이라, 차(此)로 인(因)하야 동양안위(東洋安危)의 주축(主軸)인 사억만(四億萬) 지나인(支那人)의 일본(日本)에 대

(對)한 위구(危懼)와 시의(猜疑)를 갈수록 농후(濃厚)케 하야, 그 결과(結果)로 동양(東洋) 전국(全局)이 공도동망(共倒同亡)의 비운(悲運)을 초치(招致)할 것이 명(明)하니, 금일(今日) 오인(吾人)의 조선독립(朝鮮獨立)은 조선인(朝鮮人)으로 하야금 정당(正當)한 생영(生榮)을 수(遂)케 하는 동시(同時)에, 일본(日本)으로 하야금 사로(邪路)로서 출(出)하야 동양(東洋) 지지자(支持者)인 중책(重責)을 전(全)케 하는 것이며, 지나(支那)로 하야금 몽매(夢寐)에도 면(免)하지 못하는 불안(不安), 공포(恐怖)로서 탈출(脫出)케 하는 것이며, 또 동양평화(東洋平和)로 중요(重要)한 일부(一部)를 삼는 세계평화(世界平和), 인류행복(人類幸福)에 필요(必要)한 계단(階段)이 되게 하는 것이라. 이 엇지 구구(區區)한 감정상(感情上) 문제(問題) ㅣ리오.

아아, 신천지(新天地)가 안전(眼前)에 전개(展開)되도다. 위력(威力)의 시대(時代)가 거(去)하고 도의(道義)의 시대(時代)가 내(來)하도다. 과거(過去) 전세기(全世紀)에 연마장양(鍊磨長養)된 인도적(人道的) 정신(精神)이 바야흐로 신문명(新文明)의 서광(曙光)을 인류(人類)의 역사(歷史)에 투사(投射)하기 시(始)하도다. 신춘(新春)이 세계(世界)에 내(來)하야 만물(萬物)의 회소(回蘇)를 최촉(催促)하는도다. 동빙한설(凍氷寒雪)에 호흡(呼吸)을 폐칩(閉蟄)한 것이 피 일시(彼一時)의 세(勢)ㅣ라 하면 화풍난양(和風暖陽)에 기맥(氣脈)을 진서(振舒)함은 차 일시(此一時)에 세(勢)ㅣ니, 천지(天地)의 복운(復運)에 제(際)하고 세계(世界)의 변조(變潮)를 승(乘)한 오인(吾人)은 아모 주저(躊躇)할 것 업스며, 아모 기탄(忌憚)할 것 업도다. 아(我)의 고유(固有)한 자유권(自由權)을 호전(護全)하야 생왕(生旺)의 낙(樂)을 포향(飽享)할 것이며, 아(我)의 자족(自足)한 독창력(獨創力)을 발휘(發揮)하야 춘만(春滿)한 대계(大界)에 민족적(民族的) 정화(精華)를 결뉴(結紐)할지로다.

오등(吾等)이 자(玆)에 분기(奮起)하도다. 양심(良心)이 아(我)와 동존(同存)하며 진리(眞理)가 아(我)와 병진(幷進)하는도다. 남녀노소(男女老少) 업시 음울(陰鬱)한 고소(古巢)로서 활발(活潑)히 기래(起來)하야 만휘군상(萬彙群象)으로 더부러 흔쾌(欣快)한 부활(復活)을 성수(成遂)하게 되도다.

 천백 세(千百世) 조령(祖靈)이 오등(吾等)을 음우(陰佑)하며 전 세계(全世界) 기운(氣運)이 오등(吾等)을 외호(外護)하나니, 착수(着手)가 곳 성공(成功)이라. 다만, 전두(前頭)의 광명(光明)으로 맥진(驀進)할 따를인뎌.

공약 삼장(公約三章)

一. 금일(今日) 오인(吾人)의 차거(此擧)는 정의(正義), 인도(人道), 생존(生存), 존영(尊榮)을 위(爲)하는 민족적(民族的) 요구(要求) ㅣ니, 오즉 자유적(自由的) 정신(精神)을 발휘(發揮)할 것이오, 결(決)코 배타적(排他的) 감정(感情)으로 일주(逸走)하지 말라.
一. 최후(最後)의 일인(一人)까지, 최후(最後)의 일각(一刻)까지 민족(民族)의 정당(正當)한 의사(意思)를 쾌(快)히 발표(發表)하라.
一. 일체(一切)의 행동(行動)은 가장 질서(秩序)를 존중(尊重)하야, 오인(吾人)의 주장(主張)과 태도(態度)로 하야금 어대까지던지 광명정대(光明正大)하게 하라.

孫秉熙(손병희)・崔　麟(최　인)・權東鎭(권동진)
吳世昌(오세창)・林禮煥(임예환)・權秉悳(권병덕)
李鍾一(이종일)・羅仁協(나인협)・洪其兆(홍기조)

羅龍煥(나용환)·李種勳(이종훈)·洪秉箕(홍병기)
朴準承(박준승)·金完圭(김완규)·梁漢默(양한묵)
李寅煥(이인환)·朴熙道(박희도)·崔聖模(최성모)
申洪植(신홍식)·梁甸伯(양전백)·李明龍(이명룡)
吉善宙(길선주)·李甲成(이갑성)·金昌俊(김창준)
李弼柱(이필주)·吳華英(오화영)·鄭春洙(정춘수)
申錫九(신석구)·朴東完(박동완)·金秉祚(김병조)
劉如大(유여대)·韓龍雲(한용운)·白龍成(백용성)

THE PROCLAMATION OF KOREAN INDEPENDENCE

"We herewith proclaim the independence of Korea and the liberty of the Korean people. We tell it to the world in witness of the equality of all nations and we pass it on to our posterity as their inherent right.

"We make this proclamation, having back of us 5,000 years of history, and 20,000,000 of a united loyal people. We take this step to insure to our children for all time to come, personal liberty in accord with the awakening consciousness of this new era. this is the clear leading of God, the moving principle of the present age, the whole human race's just claim. It is something that cannot be stamped out, or stifled, or gagged, or suppressed by any means.

"Victims of an older age, when brute force and the spirit of plunder ruled, we have come after these long thousands of years to experience the agony of ten year of foreign oppression, with every loss to the right to live, every restriction of the freedom of thought, every damage done to the dignity of life, every opportunity lost for a share in the intelligent advance of the age in which we live.

"Assuredly, if the defects of the past are to be rectified, if the agony of the present is to be unloosed, if the future oppression is to be avoided, if thought is to be set free, if right of action is to be given a place, if we are to attain to any way of progress, if we are to deliver our children from the painful, shameful heritage, if we are to leave blessing and happiness intact for those who succeed us, the first of all necessary things is the clearcut independence of our people. What cannot our twenty millions do, every man with sword in heart, in this day when human nature and conscience are making a stand for truth and right? What barrier can we not break, what purpose can we not accomplish?

"We have no desire to accuse Japan of breaking many solemn treaties since 1876, nor to single out specially the teachers in the schools or government officials who treat the heritage of our ancestors as a colony of their own, and our people and their civilization as a nation of savages, finding delight only in beating us down and bringing us under their heel.

"We have no wish to find special fault whit Japan's lack of fairness or her contempt of our civilization and the principles on which her state rests; we, who have greater cause to reprimand ourselves, need not spend precious time in finding fault with others; neither need we, who require so urgently to build for the future, spend useless hours over what is past and gone. Our urgent need to-day is the setting up of this house of ours and not a discussion of who has broken it down, or what has caused its ruin. Our work is to clear the future of defects in accord with the earnest dicates of conscience. Let us not be filled with bitterness or resentment over past agonies or past occasions for anger.

"Our part is to influence the Japanese government, dominated as it is by the old idea of brute force which thinks to run counter to reason and universal law, so that it will change, act honestly and in accord with the principles of right and truth.

"The result of annexation, brought about without any conference with the Korean people, is that the Japanese, indifferent to us, use every kind of partiality for their own, and by a false set of figures show a profit and loss account between us two peoples most untrue, digging a trench of everlasting resentment deeper and deeper the farther they go.

"Ought not the way of enlightened courage to be to correct the evils of the past by ways that are sincere, and by true sympathy and friendly feeling make a new world in which the two peoples will be equally blessed?

"To bind by force twenty millions of resentful Korean will mean not only loss of peace forever for this part of the Far East, but also will increase the evergrowing suspicion of four hundred millions of Chinese upon whom depends the danger or safety of the Far East-besides strengthening the hatred of Japan. From this all the rest of the East will suffer. To-day Korean independence will mean not only daily life and happiness for us, but also it would mean Japan's departure from an evil way and exaltation to the place of true protector of the East, so that China, too, even in her dreams, would put all fear of Japan aside. This thought comes from no minor resentment, but from a large hope for the future welfare and blessing of mankind.

"A new era wakes before our eyes, the old world of force is gone, and the new world of righteousness and truth is here. Out of the experience and travail of the old world arises this light on life's affairs. The insects stifled by the foe and snow of winter awake at this same time with the breezes of spring and the soft light of the sun upon them.

"It is the day of the restoration of all things on the full

tide of which we set forth, without delay or fear. We desire a full measure of satisfaction in the way of liberty and the pursuit of happiness, and an opportunity to develop what is in us for the glory of our people.

"We-awake now from the old world with its darkened conditions in full determination and one heart and one mind, with right on our side, along with the forces of nature, .to a new life. May all the ancestors to the thousands and ten thousand generations aid us from within and all the force of the world aid us from without, and let the day we take hold be the day of our attainment. In this hope we go forward.

THREE ITEMS of AGREEMENT

1. This work of ours is in behalf of truth, religion and life, undertaken at the request of our people, in order to make known their desire for liberty. Let no violence be done to any one.

2. Let those who follow us, every man, all the time, every hour, show forth with gladness this same mind.

3. Let all things de done decently and in order, so that our behaviour to the very end may be honourable and upright."

The 4252nd year of the Kingdom of Korea 3d Month Representatives of the people.

The signatures attached to the document are :

Son Pyung-hi, Kil Sun Chu, Yi Pil Chu, paik Yong Sung, Kim Won Kyu, Kim Pyung Cho, Kim Chang Choon, Kwon Dong Chin, Kwon Byung Duk, Na Yong Whan, Na In Hyup, Yang Chun Paik, Yang Han Mook, Lew Yer Dai, Yi Kop

Sung, Yi Mung Young, Yi Seung Hoon, Yi Chong Hoon, Yi Chong Il, Lim Yei Whan, Pak Choon Seung, Pak Hi Do, Pak Tong Wan, Sin Hong Sik, Sin Suk Ku, Oh Sei Chang, Oh Wha Young, Chung Choon Su, Choi Sung Mo, Choi In, Han Yong Woon, Hong Byung Ki, Hong Ki Cho.

(Korea's Fight for Freedom by F.A. Mckenzie, Fleming H. Revell co., 1920에서)

지은이 : **나 홍 주 (羅 洪 柱)**

경　력 :　고려대학교 졸업(영문학)
　　　　　육군보병학교 졸업(육군중위 예편)
　　　　　명지대학교 대학원 법학과수료(국제법)
　　　　　교통부 항공국 국제계장, 해운국 선원과장
　　　　　해운항만청 노정과장
　　　　　주 뉴욕 한국 총영사관 영사(해무담당)
　　　　　주미 한국대사관 해무관
　　　　　한국컨테이너부두공단 국제업무 자문
　　　　　한국해양대학교 사회과학연구소 객원연구원
　　　　　전세계국제법협회(ILA) 한국본부 이사, 독도학회 이사(현재)
　　　　　독도조사연구학회 회장
　　　　　대한변호사협회 독도특위 자문위원
　　　　　흥사단 동숭분회 회장(현재)
　　　　　(사) 한국영토학회이사(현재)

기　타 :　주뉴욕 한국총영사관 근무시, 고종황제가 1890년 외교고문 O.N.Denny에게 하사한 가장 오래된 태극기 소장자인 미국 Oregon 주 거주 Mr. William Ralston과 교섭, 동 태극기를 1981년 6월 환국시켰음(현재 국립 중앙박물관 소장).

저서 및
역　서 :
- 오- 명성황후! - 수탉이 울지 못하면 암탉이라도-
- 하야시 다다쓰(林薰) 비밀회고록(The Secret Memoirs of Count Tadasu Hayashi by A.M.Pooley) (공역)
- 閔妃暗殺(角田房子 著) 비판
- 일본의 "독도" 영유권 주장과 국제법상 부당성(1996)

주요논문 :
- 명성황후(1851-1895) 재평가(동북아문화연구원 창간호) <1995>
- 미 해운정책 小考(한국해운학회 1987)
- 商船 및 海軍力이 우리나라 歷史에 미친 영향에 관한 小考 (한국해운학회 1987)
- 독도영유권과 UN 해양법 협약(1982) <제2회 바다의 날>

기념 독도 해상선상 세미나, "한바다"호, '97. 5.28~29)
- 법학석사학위논문 : 獨島의 領有權에 관한 硏究 - 聯合國 最高司令官訓令 第677號를 中心으로-
- 國際裁判에 있어서의 證據一般理論과 獨島關係史料(1999)
- KCTA Put Its Case against the column "The Great Korean Ports Enigma", Containerisation International, London, issued in December 1994, pp.92~94
- A Time For Action To change the Current Name ot "Sea of Japan" (The International Seminar on the Standardization of Geographical Names : Special Emphasis Concerning the East Sea), Press Centre, Seoul on June 11~12, 1997.
- The Territorial Sovereignty over Dokdo Islets (Liancourt Rocks) and the Cairo Declaration in 1943 (Korean Yearbook of International law 1997, Korean Branch of International Law Association)
- A study on Legal Status of the Dokdo Islets (the Liancourt Rocks) and SCAPIN No.677 International Law (Korean Yearbook of International law 1998, Korean Branch of International Law Association).
- A Study On the Documents To Justify the Korean Sovereignty Over Dokdo Islets In International Law (2007. 9. 15.동북아 역사재단 주관 영토관련 NGO 국제대회에서 발표).

독도의용수비대의 독도 주둔 활약과 그 국제법적 고찰

2007년 9월 20일 1판 1쇄 인쇄
2007년 9월 30일 1판 1쇄 발행

지 은 이 : 나 홍 주
펴 낸 이 : 이 동 원
편 집 인 : 조 용 두 외
펴 낸 곳 : **책과사람들**

서울 성북구 보문7가 100번지 화진빌딩
Tel : 926-0290~2
Fax : 926-0292
홈페이지 : www.booknpeople.com
　　　　　www.booksarang.co.kr
등 록 : 2003.10.1(제307-2003-000091호)

정가 10,000원

저자와의 합의로 인지는 생략합니다.

ISBN 978-89-91516-52-6 93360

이 책의 출판권은 "책과사람들"에 있습니다.
무단전재와 무단복제를 금합니다.